バブル世代教師が語る

平成経済30年史

西村克仁
NISHIMURA Katsuhito

花伝社

まえがき

私は大阪の私立中高で教鞭をとる教師です。

中高生に経済を教えるとき、いつも教科書内容の無味乾燥さと、本来生徒にとって身近なものであるはずなのに実感させることができない自分への歯がゆさを感じます。

勉強するけど、それが自分にどう関係あるのかわからない。

しばしば生徒たちのそうした場面に直面します。経済動向は自分の将来を左右するほど影響があると言われても、今ひとつ実感できない。まして、現在おこっている経済問題など何のことだかさっぱりわからない。おそらく、そんなところかもしれません。

ただ、平成の30年間で社会は大きく変わりました。昭和の終わりと平成の終わりを比較すると一目瞭然です。

我々日本人の価値観を一変させたバブルがおこったのが、昭和の終わりのことでした。その狂乱とも言うべき時代は現在でも語り継がれるほどで、

「○×社の業績は、バブル崩壊後の最高水準を更新しました」

「バブルの頃は、よかったんだけどなあ」

あの時代を知る私たち大人のなかでは、いつしかこうした言動が当たり前になりました。

私たちはまるで「戦前」「戦後」のように「バブル前」「バブル後」を、社会や自分の生活を語るうえでの時代区分にしていないでしょうか。

私自身も「バブル世代」として、若い頃にあの時代を経験しました。同世代の方々は、自分の青春と重なったあの時代について何かしらの思いをもたれていると思います。私もそのひとりです。

バブルが崩壊すると、世の中はその後始末に追われ、不況が長期化しました。今の中高生が物心ついたときには、すでにデフレが定着しており、インフレは教科書で学ぶ用語になりました。何よりかつてのような右肩上がりの経済成長が過去のものとなりました。

「今年より来年が、来年より再来年が豊かになる」という実感がなく、景気が良いというのはどういうことかわからない。就職は難しいのが当たり前で、正社員になることは、人生の中でとてつもなく大事なことのように教えられるようになりました。

なぜそのようになったのでしょうか。

日本経済新聞のコラム欄「春秋」は、2015年のクリスマス・イヴに次のような文章を掲載しています。

バブルのころ読んだマンガに、こんな場面があった。大勢の若いカップルが高級レストランでディナーを楽しんで、その後シティーホテルに泊まる。女性が「どうして毎年こうするの」と聞くと、男性は「さぁ、よく知らないけど、12月24日はそういう決まりだから」。日本でのクリスマスの盛り上がりにそもそも宗教的な意味合いは薄いけれど、バブル期にはそれが極まった。都心のホテルやレストランは半年も前から予約で埋まり、彼氏は高価な指輪やイヤリングを彼女に贈らなければならない。イブまでに何とかデートの相手を、と焦りを募らせた当時の若者もおられるのではないか。

バブル景気は消滅し、震災なども経験して、クリスマスイブの景色はずいぶん変わった。

（以下略）

（日本経済新聞2015年12月24日）

私たち大人が、バブル期のクリスマスを引き合いに出されて「時代は変わった」という言葉に共感できるのは、あの時代を何らかの形で知っているからです。中高生に限らず、平成生まれの若者にとっては何がどう変わったのか理解できないのではないでしょうか。

私たちバブル世代は、昭和末の活気を若者として、平成の激変を社会人や家庭人として経験した世代と言ってもいいでしょう。

私はその一人として、あの時代からの社会の変化を「日本史の一幕」として伝えることはできないかと考えるようになりました。この30年ほどの歴史を知ることは、今の若者たちにとって「自分につながる現代史」だからです。

そういう意味で、あえてバブルから日本史の授業を始めました。

本書は、昭和末から平成30年間にかけての社会の歩みを、あの時代を知らない世代に向けて、かつての若者だったバブル世代の視点から語ったものです。内容・構成は２０１９年現在の大学４年生が高校３年生だった頃に提出したレポートを軸に、過去数年の授業と、その教材研究をまとめました。

平成生まれの若者だけでなく、かつての日本を知る昭和生まれの方々にも読んでいただければ幸いです。

バブル世代教師が語る平成経済30年史◆目次

第1章　昭和、そして平成の開幕

授業1　ふくらむバブル　1985（昭和60）年〜1990（平成2）年　12

第２章　「平成最初」の若者vs「平成最後」の若者

第３章　バブルがはじけ、長い不況が始まった

第４章　戦後最長の不況のあとに

第1章

昭和、そして平成の開幕

授業1

ふくらむバブル　1985（昭和60）年〜1990（平成2）年

●プロローグ

平成の始まりを授業するにあたって、ある新聞記事を紹介します。

会員制がくすぐる上流気分　人気の高級スポーツクラブ

入会金2，3百万円もする超高級会員制スポーツクラブがニューリッチ族に受けている。豪華なロビー、スペースを広くとったジムがニューリッチ族の「上流気分」を満足させる。限定販売の会員権はステータスシンボル（地位の象徴）になりつつあり、値上がり確実な資産としての扱いも見られるようになっている。（中略）会費は個人正会員の場合、入会金120万円、保証金180万円、年会費24万円。初年度は合計324万円の計算だ。定員1350人のうち、第1次募集700人はすでに完売。

（朝日新聞1989年8月2日）

現在でも富裕層向けの高級フィットネスクラブはありますが、さすがに会員権が「値上がり確実な資産」として投資対象になることはありません。また、そんな高額なプランに人が殺到することは今では考えにくいでしょう。

この記事が書かれたのは、平成元年（１９８９年）のことです。平成の幕開けはバブル景気の真っ只中でした。

平成経済30年の前半はバブルの絶頂から崩壊、そしてその後始末に追われた時代でした。そして、後半はその過程で生まれたデフレからの脱却が課題となりました。いわば、バブルとその崩壊は君たちが生きる今の平成の社会を生み出した「ビッグバン」とでもいいましょうか。

バブル景気は１９８６年12月から91年2月までの51ヶ月間で、平成の始まりはこの真っ只中のことでした。地価や株価が異常なまでに値上がりして、「日本列島を売ればアメリカが４つ買える」とまでいわれました。平成社会の成り立ちを学ぶにあたり、まずはその始まりであるバブルについて学びましょう。

ところで、君たちがバブルについて感じている疑問は、どんなものがありますか？

「テレビでよく出演者たちが『バブルの頃は～だったなあ』と言っているけど、私たちが生まれていない時代で話がよく理解できません。バブルって楽しそうだけれど、いいことだったのですか？」

バブルは崩壊後、日本の経済や社会に大きな爪痕を残しました。

それまでになかったくらいの長い長い大不況がやってきました。世の中では仕事を失った人も多いですし、就職の機会を奪われた若者も多く出ました。

この後始末には膨大な時間がかかりました。この間、日本経済から「豊かになる活力」がじわじわ奪われていったのです。

そういう意味では「いいこと」とは言えないでしょう。

「でも両親が『あの時代は良かった』などと言っていたのですが」

バブルは経済にとって一種の麻薬みたいなものです。

実際はそんな儲かっていないのに、何故か世の中全体が儲かった気になってテンションが高くなります。

また、私も含めてバブルが自分の若かった頃と重なった人たちは「バブル世代」と呼ばれ、当時を懐かしむ傾向が強いようです。

バブル世代とは、当時の好景気を背景に社会に出た人たちで、おおむね１９６５年から70年頃に生まれた世代を指します。空前の好景気のなか、青春を謳歌した人にとってはその後の不況の時代に比べて良い時代だったと記憶されているのかもしれません。

「これからもそんな時代は来るのか。なぜそんな時代があったのか知りたいです。そもそもバブルとは何なのですか？」

「そこまで昔でもないのに、なぜか今とちがうように思えます」

教科書ではバブルのことを「その名が示すように根拠のない投機熱に人々が浮かれた状態をいい、実態とかけ離れて資産価格が上昇する現象」「根拠のない虚構の産物であるバブルは、破局を迎えてみなければバブルだったかわからない厄介な熱病といえる」と書いてあります。[1]

簡単に言えば、ある商品に本来の価値以上の異常な高値がついて、社会全体がこれからも値上がりがつづくと信じ込む現象をいいます。

資本主義経済である以上、皆がほしがるものに高い値段がつくのは当然です。ただ、それが何かのきっかけで本来あるべき価格に戻った時、値上がりを前提としていた社会のあり方に大きな衝撃を与えます。これが「崩壊」で、個人のローンはもちろん会社の事業や投資計画も影響を受けます。信じられないかもしれませんが、この「崩壊」がおきるまでは、それがバブルかどうかを判断するのは難しいのです。

バブルは歴史上いろんな国や時代に形を変えておこっています。17世紀のオランダではチューリップの球根が異常な値上がりを見せました。20世紀初頭にはアメリカ発のバブル崩壊が世界恐慌をひきおこしたのです。

日本の場合は土地や株でした。平成の前半にはインターネット関連企業の株が高騰した「ITバブル」もおこりました。

つまり、これからもそんな時代が来る可能性があるのです。

どうしてそんな時代があったのか、時間軸を昭和の終わりに巻き戻してみましょう。

1 日本が「ナンバーワン」と呼ばれた時代

まずは質問です。日本は現在、アメリカ・中国に次いで3番目の経済大国ですね。それでは「ジャパン・アズ・ナンバーワン」という言葉を知っていますか？

これはアメリカの社会科学者エズラ・ヴォーゲルが１９７９年に発表し、日本でベストセラーになった本のタイトルです。

バブルの発生は、戦後日本経済の成功の延長線上にあります。

戦後、敗戦から立ち直って高度成長をなしとげ、２度のオイルショックも短期間で乗り切った日本は世界から高い評価を受けました。「勤勉で技術力の高い日本をアメリカも見習うべきだ」としたのがこの本です。

当時は中国もまだ今のように発展しておらず、冷戦も終わっていなかったので西側諸国では日本経済の存在感は際立っていました。勤勉で利潤追求には妥協しない日本人は、「エコノミック・アニマル」とすら呼ばれていました。

当時は、現在と比べるとアメリカをあこがれの対象とする日本人がずっと多い時代でした。そのアメリカからこのような称賛を得たことは、日本人にとって大きな自信となったのです。

その一方で、日本製品の最大の輸出先となったアメリカでは、自国製品が売れなくなって仕事を奪われる人が続出しました。

アメリカ人は公正（フェア）を重んじるとよく言われます。一方的に輸出ばかりしてアメリカ製品を買わない日本はフェアでないとして、その怒りはジャパン・バッシング（日本叩き）を引き起こしました。これを「日米貿易摩擦」と言い、1980年代前半にはアメリカ人の対日感情は悪化の一途をたどりました。21世紀の現在、アメリカの矛先は中国に向けられていますが、当時は日本に対してだったのです。

アメリカ側からの批判を恐れた日本政府は、1985年に当時の中曽根康弘首相が自ら「外国製品を国民の皆様、ぜひお買いください」とテレビで呼びかけました。

これはあまり効果がなかったばかりか、「国民1人が外国製品を100ドル買えば輸入が増えて外国も喜ぶ」とする首相の主張は皮肉を込めて「100ドルショッピング」と呼ばれ、この年の流行語大賞で特別賞に選ばれます。

当時「ナンバーワン」とまで言われた日本経済に対して、アメリカは多くの問題を抱えていました。

日本製品をたくさん買う一方で、アメリカ製品がサッパリ売れず、貿易は赤字。そのうえ、ソ連との冷戦を戦うために軍事費がかさんで国の財政も赤字となっていました。これを「双子の赤字」と言い、当時のアメリカを苦しめていたのです。

表1-1で用いた各項目について説明しておきます。

実質経済成長率[2]　GDP（国内総生産）の伸び率のことです。日本全体が前年に比べて何パーセント儲かったか、豊かになったかの目安と考えてください。物価の上昇率を差し引いていることから「実質」です。

これが毎年10％ほどだったのが「高度」経済成長期です。前年より10％ずつ儲かれば、7年で収入はもとの倍ほどになりますね。これを実行したのが池田勇人内閣（1960～64年）の掲げた「所得倍増」計画です。逆にひどい不況の時期はマイナスになることがあります。これを「マイナス成長」といい、オイルショックの影響を受けた1974年がそうでした。バブル前の1980年代前半は3％前後～4％台でした。

日経平均株価　略して「日経平均」と呼びます。東京証券取引所第一部に上場している代表

表１－１　プラザ合意～バブル景気の世相と経済動向

	新語・流行語大賞（入賞）	日経ヒット商品番付	実質経済成長率
1985(昭和60)年	「100ドルショッピング」	「円」「マネー雑誌」(ともに前頭)	5.2%
1986(昭和61)年	「究極」「150円台」「地揚げ・底地買い」	「外車」（前頭）	3.3%
1987(昭和62)年	「ＪＲ」「マンガ日本経済入門」	「住宅」（大関）「ＮＴＴ株」(関脇）「海外旅行」（小結）「絵画」（前頭）	4.7%
1988(昭和63)年	「シーマ現象」「ふつうは“汚職”と申します」	「宝飾品」（横綱）「海外旅行」(大関）「3ナンバー車」「リゾートマンション」「シャネル」「カシミヤ製品」(ともに前頭)	6.8%
1989(昭和64・平成1)年	「Hanako」「24時間タタカエマスカ」「DODA（デューダ）する」	「イタリアンファッション」(横綱）「リゲイン」「デューダ」（ともに関脇）「超高級国産車」「ティファニー」(ともに前頭)	4.9%
1990(平成2)年	「バブル経済」「アッシーくん」	「豪華社員寮」（横綱）「宝飾品」「高級絵画」「ティラミス」（ともに前頭)	4.9%

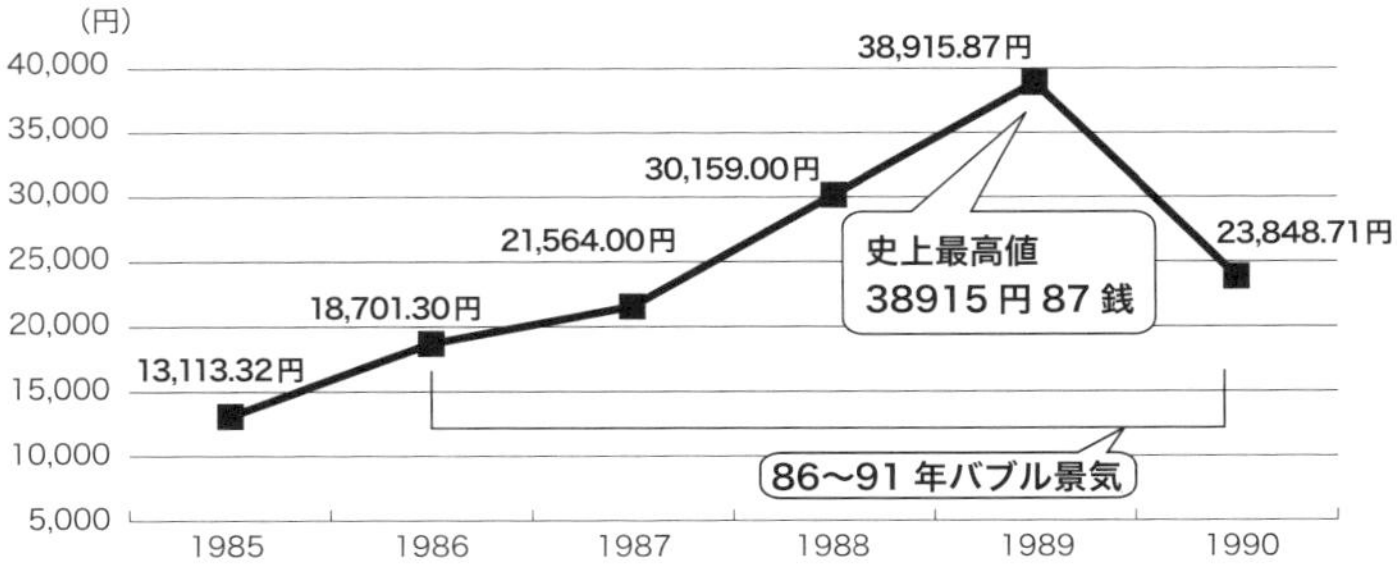

日経平均大納会終値の推移

的な企業225社の株価を選んで平均した、日本の株式市場の代表的な指標です。ここでは大納会の終値、つまり「その年の最後の営業日の最後の株価」を年ごとに比較しています。

ユーキャン新語・流行語大賞　自由国民社が1984年から発表しているもので、経済に関する流行語は毎年のように選ばれています。経済動向が世相にどのような影響を与えたのかを知る手がかりとなります。

日経ヒット商品番付　日経流通新聞（現、日経MJ）が1971年からおこなっているもので、1年間のヒット商品を相撲の番付風にランク付けしています。1年ごとの消費動向を知る手がかりとなります。

2　それはプラザ合意から始まった

第二次世界大戦後、世界で一番通用している通貨は何ですか？

「アメリカのドル、だと思います」

どうしてですか？

「アメリカが一番経済的に強くて信用ある国だから？」

そうですね。でも、その国が当時、貿易赤字を垂れ流しにしていたのです。このままいくとドルの価値が揺らぎかねない。こうなると世界経済を不安定にしかねないので、何とかしようということになったのです。

アメリカの貿易赤字の多くは日本との貿易によるものでした。日本製品がアメリカで売れた原因は、品質の高さに加えてもう一つ。お買い得感にありました。戦後ずっとつづいてきた「円安ドル高」が日本製品の武器だったのです。

質問です。1ドルと交換するのに200円だったのが100円になりました。この場合、以前に比べて円の価値は高くなりましたか、それとも安くなりましたか？

「ええと、高くなりました」

そう。円の価値は倍になっていますよね。逆にドルの価値は半分になる計算です。こうなることを〝円高ドル安〟と言います。逆に1ドル100円だったものが200円になると〝円安ドル高〟になります。

日本車を輸出してアメリカが2万ドルで買ってくれた場合、1ドル100円なら円に換金す

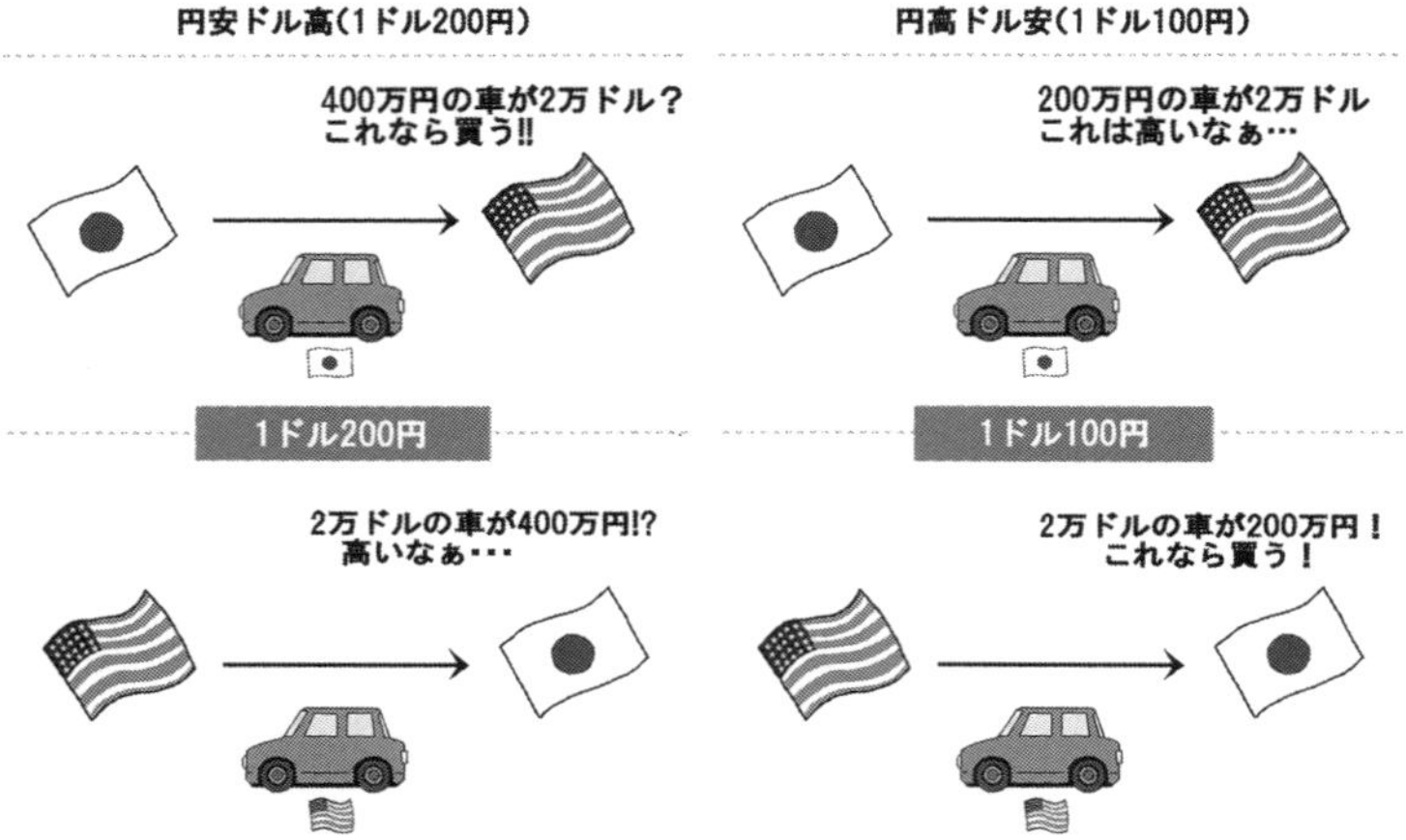

図 1-1　円とドルの関係

れば２００万円ですが、１ドル２００円の円安ドル高になれば、倍の４００万円になりますよね。

　また、アメリカから考えても１ドル１００円なら２万ドルで買えるのは２００万円の車ですが、１ドル２００円の円安ドル高になれば４００万円の車が手に入るわけです。

　戦後日本経済の強みの一つがこの円安だったのです。高品質でお得な日本製品が、アメリカをはじめとする世界の国々で売れました。

では、逆に円高ドル安で１ドル２００円が１００円になったらどうでしょうか。日本から見るとアメリカ製品は安くなりますよね？

　つまり、円高ドル安になれば、アメリカ製品が日本から見てお買い得になります。こうなると日本のアメリカ製品輸入が多くなって、アメリカの対日貿易赤字は少なくなります。

また、日本政府からしてもアメリカからの怒りを買うことはない。そして世界にとってみればドルの価値が安定する。

こうして1985年9月22日、日本・アメリカ・イギリス・フランス・西ドイツの蔵相・中央銀行総裁会議がニューヨークのプラザホテルで開かれて、各国が協力してドル高を何とかしようということで合意に至りました。これをプラザ合意といいます。

プラザ合意の発表後は一気に円高ドル安がすすみました。現在でも為替相場が1日に1円でも動くと大ニュースになります。とくに円高になると、日本企業が輸出でドルを稼いでも円換算では損が出てしまいます。たとえば、自動車メーカーなどでは、1円で数百億の利益が消えてなくなると言われています。

このときは合意前に1ドル240円ほどで取引されていたのが、発表後の東京市場は12円もの円高で始まりました。まさに大激震でした。

その後もこの流れは止まらず、11月には200円ほどになりました。わずか3ヶ月で40円近くの円高です。この年、急激に価値が上がった「円」がヒット商品に選ばれるほどでした。

青くなったのは輸出にたよっていた日本の製造業です。あまりにも急激な円高は想定していた利益を消し去っていきます。そして、輸出がふるわなければ日本全体に影響がでることになります。

忍び寄りつつあった新たな不景気は「円高不況」と呼ばれました。

3　円高不況に対抗せよ

前年からの流れで円高がすすんだ1986年は、年の初めに1ドルが200円を下回り、8月には152円ほどになりました。

もちろん円高にもメリットはありました。輸入品は安くなって、「外車」が飛ぶように売れました。バブル期の東京・六本木ではBMWの3シリーズが当たり前のように見られたことから当時トヨタで最も売れていた大衆車の名前をとって「六本木カローラ」と呼ばれますが、そうした時代が始まろうとしていました。

値段の下がった輸入品は、車だけではありません。金も値下がりしたため「金ブーム」がおこります。アクセサリーはもちろんのこと、一部では「金ぱくうどん」「金ぱくの巻き寿司」といった趣味の悪い食べ物も登場しました。

また、「海外旅行」もお手ごろになりました。私の父親はたたき上げの職人なのですが、この年めずらしく長期の休みをとって職人仲間とオーストラリアへ海外旅行にでかけました。帰国後は豪遊した話を聞かされたのですが、今から思えば父もまた円高の恩恵にあずかった一人でした。

その一方で、製造業は窮地に立たされていました。当時、私の地元では織物の輸出が盛んだったのですが、高校生だった私の目からも街に活気がなくなっていったのを感じました。

「バブルって景気のいい状態を言うんじゃなかったんですか？」

円高不況を乗り切るために、日本銀行がとった方法がのちにバブルへとつながります。そもそも「景気がいい」というのはどういう状態でしょうか？

「世の中でどんどんモノが売れていく状態？」

そのためには世の中でお金が回って、みんながお金を使ってくれる必要がありますよね。とくに大きな買い物をみんながしてくれれば、それだけ使われるお金も大きくなります。ただ、家などは一括でポーンと出すわけにはいかないので、ローンを組む人が多いですよね。

つまり、日本銀行は不況対策として世の中にお金を出回らせ、「お金を借りやすい状態」をつくってあげるのです。

一般の銀行はお金を貸してその利率で儲けています。当時、一般の銀行はその資金を日本銀行から借りることが普通でした。返済する時の金利を政策金利といい、公定歩合がその代表とされました。日本銀行は公定歩合を操作することで、「お金を借りやすい（借りにくい）状態」を作っていました。

さて、借りたときの利率が高いと、銀行も損をする訳にはいかないので、一般の人に貸すときの利率も自動的に高くなります。つまり、公定歩合が高いと返済の負担が大きくなります。そうなると、借りにくくなって世の中に出回るお金は少なくなるのです。逆に低ければ、借りやすくなって世の中に出回るお金は多くなるのです。

お金が借りやすいと、企業の設備投資や個人の住宅ローンなど、世の中では大きな買い物が増えます。どうせ借りるなら金利が低いうちに借りておいた方が得ですから。

社会全体が大きな買い物をすれば、その関連の仕事は増えていきますよね。そしてより多くの人が手持ちのお金を増やすことにつながります。つまり、当時は公定歩合を引き下げることが、景気を上向かせることの常套手段だったのです。

現在、政策金利は公定歩合ではなく、金融機関どうしで貸し借りするときの金利となっていますが、日本銀行の役割そのものは変わっていません。

このように、中央銀行である日本銀行が資金の貸し借りを通じて景気などに影響を与えることを金融政策といい、世の中に出回るお金を増やすことを「金融緩和」、逆に減らすことを「金融引き締め」といいます。

平成に入ると、この金融緩和が不況脱出のためのキーワードの一つとなりますが、それはまだ先の話です。

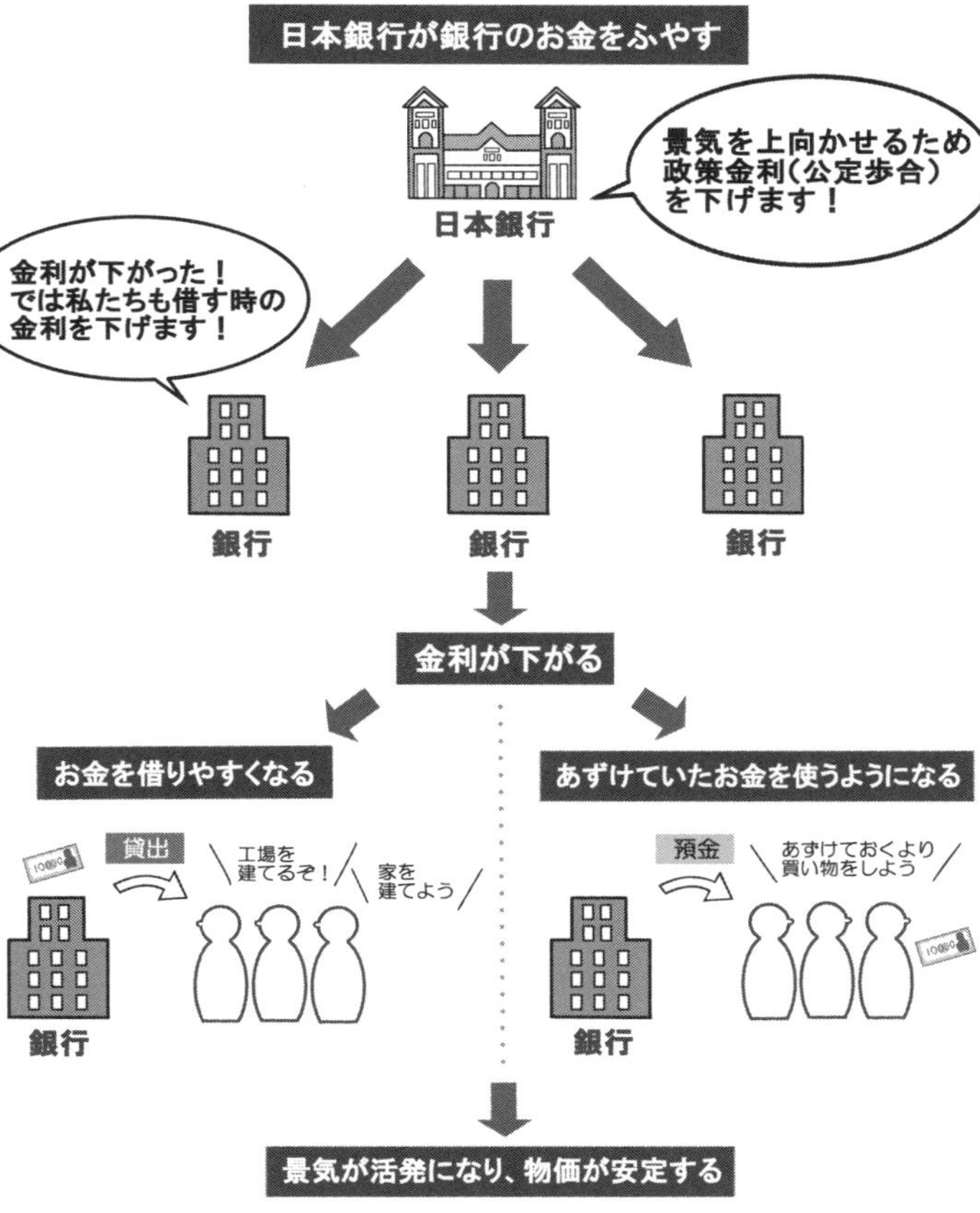

図 1-2　公定歩合と景気の関係

この年、円高不況への対策として金融緩和がおこなわれました。5・0％だった公定歩合は4度にわたって引き下げられて、当時としては戦後最低の3・0％となりました。21世紀の現在から見れば驚くほどの高金利なのですが、当時は「超低金利時代の到来」と騒がれました。

こうして借りやすくなったお金は、土地や株への投資に向かうことになります。

4　財テクブームの本格化

1986年は、バブル元年ともいうべき年になります。

この年の4月、中曽根首相の肝いりで元日本銀行総裁の名前を冠した「前川リポート」という報告書が出されました。経済政策の方針となったこの報告書は、「輸出ばかりして外国製品を買わない」というアメリカからの批判にこたえる形で、日本国内の消費をもっと増やそうというのが柱でした。

これを「内需拡大」といい、「国内の需要を大きくする」ことで、日本人がもっとたくさんモノを買うようにして輸入を増やそうというものでした。個人にとって大きな消費の代表は家ですから、都市の再開発などで住宅の購入をうながすことなどが提言されました。

高度成長期いらい、国土の開発がすすむなか、「土地は値下がりすることは絶対にない」という「土地神話」が生まれていました。これは家を買った方が得だという「持ち家信仰」にもつながりました。買った家は将来値上がりが見込めるのですから、買うべきだという考え方です。

とりわけ、国際的な金融センターをめざしていた東京では、オフィスビルが不足すると見られていました。ここに政府が都市の再開発をするというのですから、企業は当然土地への投資をすすめることになります。これがさらなる地価の高騰をまねきました。

再開発はすでに住んでいる人の立ち退きを必要としますから、悪質な土地買取りが横行するようになります。この年の秋ごろには「地上げ」（「地揚げ・底地買い」）が社会問題や流行語にもなりました。

バブルにともなう「地揚げ」は、この年の2月にはすでに朝日新聞で報じられており、[3] 9月末から10月には社会問題化しています。当時、日経を除く大手新聞の中でいち早く財テク情報を充実させたのは毎日新聞であり、[4] 1月には早くもマネー欄を新設しています。

あわせて円高によって格安となった海外不動産への投資もおこなわれました。11月には第一不動産がニューヨークのティファニービルを、12月には三井不動産がエクソンビルを取得しました。

借りやすくなった資金を元手に株への投資もさかんになりました。この年、日経平均は1万3000円程度から始まり、年末には1万9000円を近くまで値上がりします。株価の上昇率は、当時としてはオイルショック後最も高い年となったのです。また、前年から発刊が相次いだ「マネー雑誌」を中心にマスコミも投資を煽りました。

バブルが膨らんだ原因の一つに「今の時代、株をやらないヤツはバカだ」と言わんばかりなマスコミの姿勢もありました。

資金の運用を意味する「財テク」(「財務テクノロジー」の略)が一般に浸透するのもこの年です。こうした時代の空気は、それまでギャンブルの感覚が近かった株式投資への敷居をどんどん低くしていきました。

金利が下がった中、銀行は何とか借りてもらおうと必死になっていました。一方、企業では財テク部門が借りた資金を運用するなどして、莫大な利益を上げていきました。

借りやすくなったお金と政府による内需拡大。これが両輪となって円高不況への警戒感は一掃されました。その一方で、このふたつは土地神話と結びついて、地価を押し上げていきます。

皆さんには身近な大人に当時の思い出をインタビューするという宿題を出していましたね。当時の地価の高騰について、発表してください。

「祖母の家は100坪である。1975年に2800万円で購入したそうだ。それから年月を経て地価がピークの時には4億円まで跳ね上がっていたそうだ。私は十数年で地価が10倍以上に跳ね上がったことに驚きより恐ろしさを感じた」(男子)

「1985年、父が1700万円で大阪市内のマンションを購入したあと、バブルが始まって89年には同じ物件が6720万円で売りに出されていたそうです。バブル崩壊後、95年に家を買いかえたときには2380万円で売ったそうです」（女子）

「両親は平成元年に結婚しました。家を買うことになり、不動産屋の人と一緒に数軒見て回ったそうです。最初に見に行った物件が4000万円、そのあと4軒ほど1、2週間かけて見て回り、結局最初に見に行ったところが一番気に入ったので再度見に行ったところ、4500万になっていたとのことでした」（男子）

「夏休みに祖父の家に遊びに行ったとき、親戚の人に話してもらいました。皆さん予想以上に熱心に答えてくれたので驚きました。祖父は当時30代で、土地が半年で200万円上がったと言っていました。伯母は当時20代で、『社会人になりたてだったけど家族で外食に行くことが多くなったし、遊びに行く時間が増えた。いろんな人たちを見て今景気がいいんだということはすぐに分かった』と言っていました。料理店などで相席になった人が、代金を支払ってくれるなんてこともあったと聞きました」（女子）

　この頃からの地価高騰で、同じような経験をした人が多いですよね。

　また、円高、財テクなどによって世の中全体が、お金持ちになったような気になりました。

　これにまつわるエピソードを聞いてきた人はいますか？

「祖母に話を聞くと当時、株の知識はなかったけれど、周りのみんながやっていたので株を買ってみたらしいです。するとあっという間に100万円ほど儲かって、ハワイ旅行に行ったそうです」(男子)

こうした空気のもと、この年にはグルメブームがおこります。その火付け役となった料理マンガ『美味しんぼ』から「究極」という言葉が流行語となりました。バブル期にはお金にまかせて何もかも一流がもてはやされますが、そうした時代の始まりでした。

5 NTT株と「ひまわり」

1987年になると、バブルはいよいよ本格化してきます。地価高騰から「住宅」が〝ヒット商品〟となります。異常な地価高騰は「マンション」ではなく「億ション」を次々誕生させていきました。

企業などは本業が儲かっていなくても土地さえ持っていれば、それが値上がりすることで本業を超える利益が出るほどでした。また、円高がさらにすすんだことで海外旅行に出かける人がさらに増えました。

この年、日本の１人当たりのＧＮＰ（国民総生産）はアメリカを上回ります。何だか日本人は以前に比べてお金持ちになったんじゃないか。そういう考え方も出てきます。

円高のおかげでハワイのコンドミニアムなど海外不動産もお買い得になりました。プラザ合意から２年、ドルの価値は合意前の半分近くになりました。おまけに資金は借り放題です。

経営者のなかには銀行マンとともに自家用ジェットで現地に乗り付けて、１兆円もの海外資産を築いた強者もいました。また、海外投資にのめり込んだある有名な演歌歌手は、「歌う不動産王」とも呼ばれました。オーストラリアのゴールドコーストなどは日本人投資家によって根こそぎ買い取られていきました[5]。

時代の波に乗った彼らはのちに、「バブル紳士」と呼ばれるようになります。彼らは国会議員や財界人、高級官僚あるいは暴力団などを味方につけて、わずか数年で巨万の富を築きました。その多くはバブル崩壊とともに巨額の借金を背負って表舞台から姿を消すことになりますが、その額があまりに多いため銀行を破綻に追い込んだ者も出ました。ただ、この時点では彼らは我が世の春を謳歌していたのです。

そこまでいかなくとも、この年は庶民のレベルでも投資ブームに火が付きました。そのきっかけとなったのが「ＮＴＴ株」の上場です。

１株１１９万７０００円だった売り出し価格は、２か月後にその２・５倍以上の３１８万円になりました。まさに一攫千金で、株価のバブルを象徴する出来事でした。

ＮＴＴ株については、聞いてきた人が多いと思います。

「当時、祖母は株の知識がなかったのですが、ＮＴＴの株を2株買い、売るときには300万になっていたらしいです。そこでやめておけばいいものを証券会社のセールスマンにすすめられて10株も購入してしまい、その後あっという間に値が下がって大損をしたと聞きました」(女子)

「母は当時、証券会社で働いていました。その間の一番印象に残っている出来事はＮＴＴ株の上場だそうです。必ずと言っていいほど儲かるので、1人でも多くのお客に申し込んでもらうのが会社の命令だったそうです。社員やその家族にも買うように言われていたらしく、とくに社員にはお金を半額貸してくれるとまで言われていたそうです」(男子)

「叔父はＮＴＴ株が上場した時、３株持っていたそうです。約１２０万の売り出し価格が約３倍になり、約１０００万の資産になった話には驚きました」(女子)

私の両親もそうでした。当時、私は高校生でしたが、周囲の大人が話していたのを覚えています。それだけＮＴＴ株上場は多くの人々を財テクブームに巻き込んだのです。

戦後最低の金利になった銀行預金より、株に投資する方がはるかに利口な考え方でした。投資でこれだけ儲けられるなら、地道に働くことはバカバカしいと思う人すら出てきました。世の中全体がそうした方向に向かうようになっていたのです。

こうしたことを背景に、多くの個人投資家が株式市場に参加するようになります。日経平均は1月末には2万円を突破して、夏から秋にかけて2万6000円台になりました。

この年のヒット商品に、「絵画」があるのは何故だかわかりますか?

もともとは住宅の新築が相次いだことやギフトとして買うことが多かったのですが、しだいに投資対象としても見られ始めます。当時、値上がりが見込めるものであれば、それに投資する人や企業がむらがって価格が高騰していきました。

資金は銀行がたくさん貸してくれました。しかも金利は戦後最低の水準です。ブローカーと一緒に銀行マンがやってきて、巨額の融資をあっさり組んでくれました。

土地や株はもちろんのこと、美術品も例外ではありません。値上がりが見込めるものであれば、本来の価値とは無関係に価格が高騰していきました。

今では考えられませんが、バブル期には世界の美術オークションで日本人が次々と競り落としていく姿が見られました。その代表とも言えるのが、安田火災海上(当時)が53億円で落札したゴッホの『ひまわり』でした。

「両親は安田火災海上保険に入社しました。ちょうど会社がゴッホの『ひまわり』を落札した頃で、母は本社出張の時に見たと言ってました。その時の感動は今でも忘れられないそうで

『今思えば、バブル絶頂期の象徴だった』そう話していました」（女子）

またゴルフ会員権、つまり「会員制のゴルフ場でプレイする権利」も投資対象になりました。とくに高級ゴルフ場は接待の場としても使われていましたから、これを見込んで価格が高騰しました。

「両親は社会人になったばかりの頃で、当時では安い方であった1600万円するゴルフ会員権を2口買って、今では20万円もしない価格になったと嘆いていました。両親の知人は9坪しかない土地を6000万円で買ったらしいです。当時は好景気が終わるなど夢にも思っていなかったそうです」（男子）

ゴルフ場の会員権は、関東圏の平均取引価格がバブル前の85年頃には1000万円ほどでした。この年には2500万円ほどになり、90年2月には最高値の4388・3万円となります[6]。これもまたバブル崩壊とともに価格が急落し、2000年代初め頃にはピーク時の6％ほどになってしまいます。近年で言えば2017年度の平均は173万円で[7]、現在と比較すると文字通り「ケタ違い」の価格であることがわかるかと思います。

当時ゴルフ場の建設資金は銀行からの融資だけでなく、このような会員権の販売によっても簡単に集まったのです。こうしてバブル前の85年には国内に１４００あったゴルフ場は、十数年で２４００もの数に膨れ上がりました。[8]

この反動はバブル崩壊後にやってくることになります。

６　ブラックマンデーの襲来

ところで、景気はよくなりすぎる、つまり教科書でいう「加熱する」といろんな意味で副作用をもたらします。

皆がお金を使いすぎると人手不足や物価高などがおこったり、値上がりを見越したギャンブルのような投機ブームを引き起こしたりします。投機が当たり前になると、相場が急激に下がったときに貸し手と借り手双方に大きな損失をもたらして社会を不安定にします。

実際、バブルの崩壊によっておこったことがこれでした。

永遠に続く好景気はないので、こうした副作用がおきないように政府や日本銀行は景気を調整しています。

過熱した景気に対しては、政策金利を上げます。こうすると返済のときの利率が上がるので、お金が借りにくい状態になりますね。こうなるとみんなが使うお金の総量が減るので、金回りが悪くなって景気の加熱をおさえる効果があります。これを「利上げ」と言って金融引き締めの方法の一つです。

ただし、やり方やタイミングを間違えると不景気におちいってしまうので慎重にする必要があります。

この年の2月には公定歩合は２・５％となって戦後最低を更新していました。この頃、土地を買い占めては転売する「土地ころがし」が横行し、さらなる地価高騰へとつながっていました。この年、東京都の宅地総価値だけで、すでに日本のＧＤＰの１・５倍にふくれ上がっていたのです。悪質な業者が銀行から簡単に融資を受け、資金源としていたことは社会問題となっていました。こうしたことを背景に、日本銀行では公定歩合の引き上げが検討されていたのです。[9]

その矢先、秋に株価が大きく動揺します。10月19日の月曜日、ニューヨークで大暴落がおこったのです。

「ブラックマンデー（暗黒の月曜日）」と呼ばれるこの大暴落は、世界恐慌を引き起こした１９２９年を超える下げ幅となりました。影響は瞬く間に世界に広がって、前日まで2万６０００円前後だった日経平均は４０００円近く下落します。これは現在でも1日でおこった史上最大の下げ幅として記録されています。

夏ごろまではまだ円高不況への警戒感が残っていました。そこにこの大暴落です。これをきっかけに不況におちいることを恐れて、公定歩合は２・５％のまま維持されることになりました。お金が借りやすい状態がさらに続くことになったわけですが、これによって世の中の投機熱はさらにヒートアップしていくことになります。

7　株価回復、高まる高級志向

1988年、日経平均はブラックマンデーの急落を引き継いで2万1000円台から始まりました。

ただ、2・5%の公定歩合が維持されたことなどもあって、株価は再び上がり始めます。こうして春先には暴落前の水準を回復して、ブラックマンデーの影響を払拭しました。ここから先、株価はほぼ一本調子に駆け上がっていくことになります。

世界的大暴落を短期間で克服した日本経済へのゆるぎない自信を背景に、日経平均は年末に初めて3万円の大台を突破しました。気がつけばプラザ合意の頃に比べて株価は2倍以上になり、まだ天井は見えていませんでした。

「一般市民がどうして高級なものを買えたのかが知りたいのですが」

そうですね。社会全般ではお金が借りやすい状態が長く続いた結果、資金の調達がしやすい

「カネ余り」と呼ばれる状態がおこりました。これは投資や投機に結びついて、地価や株価を押し上げていきます。企業では、財テク部門が本業よりも多くの利益を稼ぎ出すところも少なくありませんでした。

利益はそのまま申告して税金で持って行かれるよりも、経費として使う方がはるかに合理的でした。自分の給料はたいしたことなくても、交際費などの名目で使える会社のお金はふんだんにありました。

この時期に会社のお金でグルメ三昧、帰りはタクシーなどという経験をした人は多いので聞いたこともあるでしょう。「ラーメン食べに行こうよ」と誘われて、飛行機で札幌まで行った……というような豪快なエピソードすらあります。

「両親が不動産会社に就職した年が1988年で、バブルの絶頂期だったらしい。連日、仕事が終わるや否や、先輩は高級料亭での夕食。二次会は高級ラウンジ。不動産の値段が毎日どんどん上がっていき、それでも売れ残ることなく契約書を途切れることなく作り続けていたという。各店舗が売上を競いあい、上位の店は報奨金と海外旅行という夢のような状態で、会社全体の旅行も頻繁にあったそうだ。

営業マンは年収1000万、2000万とサラリーマンとは思えないようなもので、一般職の女性は出張・研修などの名目で東京などを行き来して夜はディスコで遊び倒すのがその頃の

定番であったらしい。毎晩お祭り騒ぎで、遊ぶのに精いっぱいで正直疲れていたと言っていた」（男子）

土地や株の値上がりがもたらす含み益は、社会全体にお金持ちになった気分を作り出しました。気前よく使っても、お金は回り回って新たなお金を生み出していきます。空前の好景気が将来への不安をかき消していました。人々は気兼ねなく消費に向かうことが出来たのです。

こうしてバブルは街の雰囲気や人々の考え方も変えていきました。「時代の空気」は、高価・高級なものから先に売れていくという異常な状態をつくり出していったのです。この年の暮れ頃から、都心では夜7時以降タクシーが全くつかまらなくなりました[10]。

「『一万円札をちらつかせないとタクシーが停まってくれなかった』とテレビで言っていたけど、本当なんですか？」

これは当時よりもむしろ、バブル崩壊後によく言われるようになったエピソードです。「実際に経験した」という人もいれば、「大げさに話が伝わっているだけだ」という人もいて、これが当然のように行われていたかはよくわかりません。

ただ、この頃から90年頃までは東京など大都市を中心に深夜のタクシー不足が社会問題化していたのは事実です。そうしたことを背景に夜の繁華街などであったエピソードだと思われます。

『週刊文春』が１９８９年12月14日号でタクシーの乗車拒否問題を特集しており、次のような記事が見られます。

一万円札二枚をうち振って

「選ばれる」側になった利用客の中には、いかに自分がいい客かをアピールし、タクシーに媚びるひとたちも出てくる。その象徴的な光景が、今回寄せられた話の中にあった。

「タクシーを止めるのにチケット振ると有効だ、とはよくいわれますが、今赤坂近辺で流行っている方法をご存じですか？」

と教えてくれたのは代理店に勤めるWさん。

「一万円札を二枚振るんですよ。効果は抜群、『迎車』のサインを出していた筈の車が、急ブレーキをかけて止まりますよ。この合図には、どんな近い距離でも、この二万円でお釣りはいらない、という意味があるんです。（以下略）

Wさんの証言がどこまで一般的であったかはわかりませんが、少なくとも万札をちらつかせるという発想そのものは当時から存在しており、後世の作り話ではないということになります。

一方、バブル崩壊後の不況が深刻となった1998年2月7日の朝日新聞には次のような記事が見られます。

東京・新橋で夜遅くタクシーを拾おうとした時のこと。空車にいくら手を振っても通り過ぎてしまい、ようやく乗れたタクシーの運転手にこぼしたら、「チケットか千円札を振ればいいんですよ」。タクシー券なら遠くまで帰る客だろうし、千円札は「チップとしてあげる」という意味だとか。景気が悪いといいますが、こんなこと、バブル期以来の経験です。

大都市でのタクシーをめぐる状況は、景気が後退する1991年には利用者が急減し、92年になると繁華街に空車の列が目立つようになっています[11]。これらを総合的に見ると、タクシーに乗車するため一万円札をちらつかせるという行為は、1989年を中心に実際に東京などの大都市でおこなわれていた可能性が高く、90年代の不況の中でバブルの記憶として語られていったと推測できます。

この頃から「この好景気は、いざなぎ景気いらいの大型景気になるのでは」という声がでてきます。私はこの年に大学に入学したのですが、アルバイト先で「『不景気』なんて言葉は死語になったよな」と誰かが話していたのを憶えています。

この年のヒット商品を見ると「高級志向」がキーワードになっているのがわかります。高級車を意味する「3ナンバー車」が流行し、なかでも500万円もした日産の「シーマ」があまりに売れて流行語となるほどでした。

また、この年の大ヒット商品は「宝飾品」でした。高級志向に加えて資産価値や円高での割安感などから宝石が飛ぶように売れたのです。同様にブランドの「シャネル」やカシミヤ商品も売れました。

日本人が海外で〝爆買い〟をしていた時期がこの頃でした。パリの有名ブランドなどは日本人観光客があまりにも入りすぎるため、入場制限をするところもでたほどです。君たちが聞き取りしてきた、日本がお祭り騒ぎだったころというのはちょうどこの頃です。

「母は昔のことを思い出すのが楽しいのかずっと話しつづけてくれました。バブル期は毎晩毎晩お祭り騒ぎで、みんな高い買い物をして海外でも買い物をしまくって、振り返ってみると今の中国のようだったそうです」（女子）

「1963年生まれの父に話を聞きました。当時は給料・残業手当に加えてボーナスも夏・冬・春ともらえていた。給料がグンと上がり、旅行・外食費は万単位で使う生活を送った。服もブランド品、高いスーツを買い、そうすると遊びに行きたくなり世の中にたくさんお金が出回った。貯金よりも消費することの方が多かったようです。土地の値段が上がり、大阪市内の

一戸建ての家は1億出さないと買えなかったそうです」(女子)
「両親はバブル当時まだ学生だったが、『あの頃はよかったなあ』と思い出を振り返るように話し始めた。すると今では信じられない話がたくさん出てきた。母親は誕生日に祖父から外車を買ってもらったらしい。それもとても高価な車だ。驚くことに家には3台もの車があったらしい。当時はお金をつかっても減らなかったのだと言う」(男子)
「当時、父がクルーザーを所有していたと聞き、驚きました」(女子)

ただ、この豊かさは土地と株の価格が上がったことによる額面上の利益、つまり含み益にすぎませんでした。全ての人が高価なものを買っていたわけではありませんが、社会全体が今後も好景気は未来永劫つづくと信じ込んでいました。

その一方で狂ったようにすすむ地価高騰により、都心では庶民は家を買えないということが社会問題になります。家のある人も、地価が高騰したことで相続税がとんでもない額になって払えないということもおきました。

投資には全く無関係だった一般の人も、こんな形でバブルの波に呑みこまれていったのです。

8　バブルと政治～「ふるさと創生」と「リクルート」

政治もバブルの影響を受けました。

もし、「1億円あげるので自由に使ってください」と言われれば、あなたは何に使いますか？そういうマンガでも描かないような政策が現実にありました。

当時の竹下登首相によって創設された「ふるさと創生事業」で、地域振興を目的として全国の各市町村に1億円が公布されました。使い道は本当に自由でした。

ただ、「自由」というのは恐ろしいもので、使う側の考え方が問われます。

表1-2にあるように、信じられないようなことが税金1億円を使っておこなわれました。使い方は自由だったのにもかかわらず、なぜか「日本一の大きさ」や「純金」にこだわった奇妙なモノがあちこちで出現しました。なかには作った途端に日本一の座から陥落したもの、純金だけに盗まれてしまったものもあります。

なんて恐ろしい税金の無駄遣い……と思った人もいるかもしれませんが、君たちが教えられてきた「国の借金」が深刻となるのはバブル崩壊後のことです。当時はむしろ好景気を背景に税収が伸びており、財政は現在と比べるとはるかに良い状態でした。

当時の人は大まじめに1億円の使い道を考えたのでしょうが、なかには現在から見て首をか

表１－２　「ふるさと創生事業」で公布された１億円の使い道の例

青森県上北郡百石町（現おいらせ町）	日本一の自由の女神像（20.8m）	ニューヨークと同緯度であることから、本物の４分の１のスケールで建立。現存（2019年現在）。
秋田県仙北郡仙南村（現美郷町）	村営キャバレー「フォーラムハウス遊遊」	2003年に財政難のため閉鎖。
山梨県北都留郡丹波山村	日本一長いローラー滑り台（247m）※乗り換えのない１本の滑り台として	完成直後の1990年４月、兵庫県佐用郡上月町（現佐用町）の滑り台（351m）が完成し、日本一陥落。現存（2019年現在）。
高知県高岡郡中土佐町	純金のカツオ像	県に売却後、高知県立坂本竜馬記念館に展示。1993年に盗まれて溶かされた。
兵庫県津名郡津名町（現淡路市）	１億円の金塊	金相場によって金塊の大きさが変わる契約を結びレンタルしていたが、2010年に金価格の高騰にともない返還。
大分県日田郡中津江村（現日田市）	純金の雌雄の鯛	2006年に雄は盗まれたが、雌は2012年に金価格の高騰により購入時の３倍の価格で売却。

しげたくなるものもあります。お金はあっても、それが生きた使い方となるのか無駄遣いに終わるのか、考えさせられます。理念や哲学がないお金の使い道は、死に金に終わるのかもしれません。

「今思えば馬鹿らしいなとか、どうしてこんなことをしたのかと思いました。でもそれが、この時代の日本なのだなと思いました」（男子）

「どうしてこれでうまくいくと思ったんだろうかと思うものの多さに驚いた。今あるものの中にも、30～40年後には同じようなことを言われるものがあるのかもしれないと思った。その時の〝ノリ〟でするのではなく、客観的に見るというのは本当に大事だと思った」（女子）

「有り余る金を手にしてしまった人びとは狂った行動に出てしまうことがわかった。計画性もなしに金を注ぎ込むだけでは何も生まれないことを教訓としなければならないと思った」（男子）

１９８７年に中曽根首相から政権を引き継いだ竹下首相は、タレントのＤＡＩＧＯさんのお祖父さんとして知られていますが、消費税を日本で初めて導入した総理大臣です。

当時は自民党内の政治家グループである「派閥」の力が強く、強い影響力をもっていました。首相自身が最大派閥「竹下派」を率いる実力者だったことから、竹下内閣は長期政権になるという見方が一般的でしたが、１９８８年、ここに激震が走ります。

リクルートという会社が、「値上がり確実な未公開株」を有力政治家・官僚にばらまいていたというバブルならではの企業犯罪が発覚します。これによって大臣数名が辞任に追い込まれ、内閣支持率も急降下します。

「リクルート事件」と呼ばれるこのスキャンダルは、戦後最大の汚職事件として竹下内閣だけでなく自民党にも大きなダメージを与えることになりました。この5年後、自民党は結党いらいはじめて野党に転落することになりますが、その始まりともいうべき事件でした。

この段階ではまだ「リクルート疑惑」と呼ばれていたのですが、産経新聞が「ふつうは〝汚職〟と申します」と見出しをつけたことから、この年の流行語大賞（特別賞部門・報道傑作賞）にも選ばれています。

9　平成の始まりは歴史の転換点だった

昭和64年は7日間しかありません。昭和天皇崩御のニュースが報じられたのは、1月7日の朝のことでした。好景気でいつもはタクシーがつかまりにくい都心の夜も、この日ばかりは静まりかえっていました。

平成の幕開けとなった１９８９年は、国内外ともに戦後史の潮目となった年です。

この年、日本では首相が目まぐるしく交代しました。

昭和最後にして平成最初の総理大臣は竹下登でしたが、リクルート事件の責任をとって6月に退陣を表明しました。竹下内閣で外務大臣だった宇野宗佑《そうすけ》がそのあとを継いで自民党の総裁になりました。この頃は「自民党の総裁＝総理大臣」が当然でしたから、そのまま宇野内閣が成立しました。

ただ、就任後まもなく首相本人の女性スキャンダルが発覚して自民党は参院選に惨敗、宇野内閣はわずか69日で終わります。自民党はこのとき結党いらい初めて参議院での単独過半数を失いましたが、これを回復できたのは四半世紀以上たった安倍内閣のもとでの２０１６年でした。

竹下派をはじめとする自民党の大きな派閥の幹部は、リクルートと少なからず関係がありました。そうしたことから、後継総裁にはリクルートと無関係だった海部《かいふ》俊樹が選ばれました。ただ、中小派閥の出身だった海部首相は自民党内での発言力が弱く、在任中は竹下派に振り回されることになります。

この年、世界も大きく動きました。11月のベルリンの壁崩壊を受けて12月初めに米ソ首脳会談がもたれ、冷戦の終結が宣言されました。第二次世界大戦後、世界を分断してきた対立が終わって新しい時代が幕を開けようとしていました。

10　日経平均は史上最高値へ

この頃、「日本は政治は三流だが、経済は一流だ」という言葉がよく聞かれました。たしかに首相が３人替わっても、この年の株価はびくともしませんでした。

４月には３％の消費税が実施されました。新しい税金が導入されると消費が冷え込んで景気が後退することがありますが、そんなことはおきませんでした。神奈川県川崎市では、脱税のためか竹やぶから現金２億３５００万円が見つかるという珍事までおきたのです。授業の初めに読んだ超高級スポーツクラブの記事が書かれたのは、ちょうどこの頃のことでした。

日経平均は夏に3万5000円を突破しました。戦後最低のままだった公定歩合もようやく引き上げられて4・25％になりましたが、それも織り込み済みだったようで、大納会の12月29日にはついに史上最高値の3万8915円87銭（終値）に達しました。プラザ合意から4年が経ち、株価は3倍にも膨らんだことになります。ただ、これを異常な数字として捉えた人はほとんどいませんでした。それどころか、翌年の4万超えは確実と言われていました。

この頃、就職活動をしていた大学の先輩から私は次のように教えてもらったのを憶えています。

「今の時代、大手の証券会社に入れたら、人生勝ったようなもんだぞ」

今から思えばバブルの頂点ならではの会話でした。当時、株価高騰の最前線にいた証券会社は、若者にとっては「カッコイイ就職先」と見られていたのです。

当時の証券会社について話を聞いた人はいますか？

「当時証券会社に勤めていた人に話を聞きました。当時現金でもらっていたボーナスや課長以上の給料は、『封筒が立つ』と言われて有名な話だったそうです。『未来は明るくてみな自信に満ちていて、飲み会やパーティーが頻繁に開かれて派手な時代だった。経費削減なんて言葉は聞いたこともなく、使い放題だった。その分バブル崩壊後の転落ぶりはすごいものがあった』

と言っていました」（女子）

空前の好景気によって、就職難はすでに過去の言葉になっていました。もはや若者にとって就職は楽勝でした。

のちに平成の不況下で「花形」となる公務員は、不人気業種の代表格でした。わざわざ試験まで受けて、給料が安い「安定しているだけ」の仕事に就こうとする若者は少なかったのです。だいいち、当時は正社員で終身雇用・定期昇給は当たり前でしたから、安定は当然のことでした。

本業よりもメセナ（企業による文化・芸術の支援活動）に力を入れ、美術館やコンサートの運営をおこなう企業に学生の人気が集まったほどです。

そうした正社員としての人生を、つまらないものと考える風潮も出てきます。転職やフリーターがもてはやされて、「転職する」を意味した転職情報誌『ＤＯＤＡ（デューダ）』が売れて、流行語にもなりました。

当時の私は「景気がいいのは、日本が戦後に発展して経済大国になったからだ」というくらいにしか考えていませんでした。

それを証明するかのようにこの年、海外ではソニーがコロンビア映画を、三菱地所がニューヨークのロックフェラーセンターを買収します。

当時、日本企業がハリウッドやニューヨークの象徴を買い取ったことを「アメリカが日本に引きちぎられている」と危機感をあらわにしたアメリカの不動産王がいました。のちの第45代アメリカ合衆国大統領、ドナルド・トランプです。[12] このときの経験が、大統領就任後の日本や中国との経済問題に対する強気の姿勢にあらわれているといわれています。

このような「ジャパニーズ・ビジネスマン」をテーマにして、この年ヒットしたのが栄養ドリンク「リゲイン」のテレビCMでした。キャッチコピー「24時間タタカエマスカ」はこの年の流行語で、あわせてヒット商品番付にも選ばれました。

「『24時間タタカエマスカ』なんて、今なら単なるブラック企業じゃないですか」（男子）

私が例外だったのではなく、この頃、多くの日本人が経済大国・日本に対して絶対的な自信を持っていました。参考までに、株価が史上最高値に達した翌日の新聞記事を読んでみましょう。

昭和天皇崩御と平成元年のスタート。私たちは今年、この大きな歴史の変わり目をかつてない豊かさの中で通過した。

歳末のある日曜、東京のデパートで1本1３０万円の黄金のゴルフパターが10本売れた。

高級電気製品などの100万円商品も人気を呼んでいる。全世帯平均の貯蓄が、今年初めて1千万円の大台を超え、世は空前の大型消費時代だ。

黒字大国、資産大国、成り金大国……わが国にたてまつられる異名も多い。物質的な豊かさそれ自体は、大いに歓迎すべきことだ。戦後の廃虚から立ち上がった日本人の40余年の努力の果実でもある。

（読売新聞1989年12月30日）

どうです？ 平成の始まりの自信に満ち溢れた様子が伝わってくるようですね。君たちも聞き取りの中で同じようなことを聞いたでしょう。

「父に話を聞くと、『当時は日本が世界で一番すごいという自信のようなものを日本人は持っていたと思う』と言っていた。話を聞いていると、当時、世界は日本を中心に動いていたのではないかと感じました」（男子）

「父は1982年に就職して、バブル真っただ中に転職をした。バブルが崩壊するまで不況らしい不況を感じたことがなかったという。『戦争ではアメリカに負けたけど、経済でならアメリカに勝てるのかもしれないなあ。なんて半分冗談、でも半分本気で思っていたよ』と話してくれた」（女子）

当たり前のことですが、ものの値段は長期的に上がったり下がったりを繰り返します。

この状態が不思議なのは、「土地と株の値段は未来永劫下がることはない」というファンタジーを世の中全体が信じ込んでいるという点です。それだけならまだしも、これを前提に社会全体で天文学的なお金の貸し借りがおこなわれていました。

ただ、この時点でそれをおかしいと感じていた日本人はほとんどいませんでした。1986年から始まった日本のバブルは87年11月に一橋大学教授（当時）の野口悠紀雄が当時の地価高騰をそう指摘したのが最も早いとされますが（「バブルで膨らんだ地価」『週刊東洋経済別冊・近代経済学シリーズ』）、一般的にはそうした認識はほとんどありませんでした。日本経済新聞ですら、88年までは今日的な意味で「バブル」の語が使用されている記事はほとんどなく、一般に認知されるのは株価が急落する1990年代になってからのことです。[13]

11 株価急落、されど宴はつづく

1990年、前年まで4万円に迫ろうとしていた日経平均が、1年後には2万4000円ほどになっています。ここで初めて、これまでの株価が「バブル」であったと報じられるようになります。

「バブル」を大手新聞が一斉に使用し始めるのは、前日の株価急落を受けた2月27日からで、

3月末には1年4ヶ月ぶりに3万円を割り込みました。その後、株価は一時盛り返したものの、翌年の湾岸戦争につながる8月2日のイラクによるクウェート侵攻を機に再び大きく値を下げ始めます。10月1日には一時2万円を割り込み、わずか9ヶ月で日経平均は約半分となりました。

「バブル景気」の呼称が使用され始めたのは、一般紙では読売新聞が10月9日、朝日新聞は12月8日が初出ですが、各紙が本格的に使用するようになるのは翌91年からです。ただ、この時点では景気の呼称はまだ定まっておらず、91年の年次経済報告（経済白書）では「平成景気」が使用されたほか、円・株・地価の「三高景気」とも呼ばれました。

「バブル経済」が流行語大賞を受賞（流行語部門・銀賞）したこの年は、実質的にバブル景気最後の1年になります。平成の初めの時点では「バブル」は流行語にすぎなかったのです。

ただ、株価は下がったものの地価は依然として高騰しており、実質経済成長率も4・9％とまだまだ高い水準を保っていました。また、消費動向もこれまで同様、高級絵画や宝飾品が売れ続けるなど、依然として好景気は続いていました。つまり、一般の人々の生活にはほとんど影響はなかったのです。

絵画取引はこの頃に頂点を迎えます。ルノワールやゴッホなどの世界的な絵画を落札したある経営者は「死んだら棺桶に入れてもらうつもりだ」と発言し、「文化財を灰にするつもりか」と世界中から非難を浴びました。

こういう状況ですから、株価の急落といっても一般的には「株に投資していた人が大損した」という程度の認識でした。
バブル崩壊から15年以上たった2007年の映画『バブルへGO‼ タイムマシンはドラム式』は、この年の東京の様子をリアルに再現しています。
この作品では主人公の女の子・真弓が、タイムマシンで2007年から1990年に送り込まれます。タイムスリップした彼女は男にディスコに誘われて口説かれますが、このシーンを見てみましょう。

真弓「こんな時代は長く続かないの。このディスコもあっという間になくなって……」
男「そんなわけないだろ。どんどん良くなるに決まってるんだろ」
真弓「あと数年で景気は急に悪くなって……」
男「なるわけないだろ、この日本が。面白いこと言うね、君」
真弓「……そんなに浮かれていて不安じゃない？」

バカバカしいと思うかもしれませんが、この男の認識が当時は一般的でした。劇中、真弓は1990年の日本人に「もうすぐ不況がやってくる」「銀行がつぶれる時代が来る」と何度も言いますが、誰にも信じてもらえませんでした。

「登場人物が景気はこれからもどんどんよくなると思いこんでるシーンがあったけど、実際あんなにキラキラした世界で暮らしていたら、日本が暗くなるなんて考えられないのだろうと思いました」（女子）

「映画でも後先考えない楽観的な若者や大人が多かったし、そんな時代だったのだろうと思う。私たちから見たら楽しそうでいいなと単純に思うけど、その時代にいたら楽観的なことが当たり前で深く考えないようになってしまうのだと思う。それが怖いと思った」（男子）

「バブル期の人たちの考えがアホすぎて、途中から見るのが嫌になった。その時代に行って本当に当時の人たちを説得したい」（女子）

ただ、水面下で危機は進行していました。

質問です。「プラザ合意をきっかけにお金が借りやすくなった」と言い続けてきましたが、貸したお金が返ってこなくなったときの保証として貸し手が求めるものを何と言いますか？

「……タンポ？　でしたっけ」

その通り。担保ですね。当時はその代表が土地でした。借り手が返せなくなっても土地さえあれば大丈夫ということです。なぜなら土地神話は絶対だったからです。

本来、銀行は借り手が返せなくなった時のために、担保がどれだけの価値があるかをきびしく査定します。しかし、地価高騰が当たり前になるなか、銀行マンは不動産屋と一緒になって担保となる土地が本来持っている価値以上の融資を組んでいきました。どうせ値上がりするのですから、そのほうが手っ取り早かったのです。

また、担当の銀行マン自身が成績をあげる近道でもありました。ついには「担保は土地であれば何でもいいから、どんどん貸しちゃえ」ということが蔓延していきました。

こうしてずさんな査定のもと、社会全体ではすでに天文学的な借金が積み重なっていました。教科書の言う「根拠のない投機熱に人々が浮かれた状態」とはこのことです。すべての前提は土地神話でした。

〽なんでもかんでも　みんな　おどりをおどっているよ
おなべの中から　ボワッと　インチキおじさん登場

JASRAC 出 1906816-901

アニメ『ちびまる子ちゃん』のオープニング『おどるポンポコリン』が大ヒットしたのがこの年です。さくらももこ先生作詞によるこの歌が、見事にこの時代を切り取っています。土地神話を信じ込んだ「インチキおじさん」がピーヒャラピーヒャラ踊りまくったバブル最後の1年を象徴するような歌詞でした。

「銀行に勤めていた両親が口を揃えて言ったのが『土地神話』でした。1990年に今住んでいる家を買ったのですが、その数年後にバブルが崩壊するとは夢にも思わなかったと言った。誰もがそう信じていたという」（女子）

「当時の人のお金に対する考え方が、その後の長い不況につながるのかと思うと恐怖を覚えた」（男子）

「当時は楽しそうでうらやましいけれど、その後の悲劇を考えると、あの時代に生きてなくてよかったと思った。お金が余っていたら人間は訳のわからないことをしてしまうことに驚いた」（男子）

メディアはバブルをどう伝えたか Ⅰ……………昭和末期〜平成初期

平成の日本経済は、バブルの絶頂から始まって崩壊と混乱、その後始末を経て記憶へと変わっていった30年間でした。本書では、バブルに対する認識の変化を時代ごとに見ていきます。

バブル真っ只中にあって、この好景気は当時メディアではどのように伝えられていたのでしょうか。まずは、1985年から90年の毎年末、「NHKニュースハイライト」で報道された「バブル」を見ていきましょう（用語表現は番組中の映像・音声より）。

1985（昭和60）年

アメリカ議会では日本製品に対する輸入制限決議案や対日報復決議案がほぼ全会一致で可決（日米経済摩擦にいらだつアメリカ）／「外国製品を国民の皆様、ぜひお買いください」と呼びかける中曽根首相／5ヵ国蔵相会議がひらかれ貿易不均衡の大きな要因と言われるドル高を是正する措置（プラザ合意）／NTT発足

1986（昭和61）年

急ピッチですすむ円高／日銀は今年4回も公定歩合を引き下げ／すすまない円高メリットの還元／海外から円高日本への出稼ぎ／強くなった円を背景に日本企業が次々とアメリカのビルを買収／史上空前の大商いに沸いた今年の株式市場／財テクブーム／投資家が熱い視線を注いだNTT株／金ブーム（アクセサリーだけでなく「金ぱくうどん」「金ぱくの巻き寿司」も登場）／東京の地価は都心も住宅地も異常な値上がり

1987（昭和62）年

立ち退きを迫る地上げ屋／都心から地方都市に広がった異常な地価の高騰、横浜市内の新興住宅地はこの1年で3倍近くに（横浜市緑区大場町の4DKの物件が1億3000万円）／NTT株主総会／ニューヨーク市場の株価大暴落（ブラックマンデー）／JR発足／美術品のオークション会場で今年ほど日本人の姿が目立った年はない（ゴッホ「ひまわり」を53億円で購入）／海外不動産への投資は企業から個人へ　建物を見ないで買う人も

1988（昭和63）年

つづく景気の拡大、「いざなぎ景気」以来の大型景気との声も／東証、半年ぶり新最高値更新。ブラックマンデーの不安心理は完全に一掃／リクルート疑惑／大都市周辺に広がる地価高騰、多くなる新幹線通勤／1台500万円もする国産高級車が今年ブーム（日産の高級車「シーマ」）／毛皮や金製品・宝石類が飛ぶように売れ、カネ余りの中の高級化志向が強まった／ゲームソフト人気（ファミンコンソフト「ドラゴンクエストⅢ」発売）／大納会（終値3万159円、高い株価と強い円が示す好調な日本経済）

1989（昭和64・平成1）年

平成元年／4月1日、消費税がスタート／リクルート事件／大納会（日経平均、史上最高

値）、大型景気は来年もつづくという見方強まる／兵庫県津名町、「ふるさと創生」で1億円金塊／川崎市、竹やぶから2億3500万円／東京モーターショー、車の売れ行きは史上最高700万台突破／日本企業、アメリカのコロンビア映画、ロックフェラーグループ社（ロックフェラーセンター）など有力企業を次々買収

1990（平成2）年

バブル経済崩壊

好景気真っ只中だった80年代後半には、「バブル」という言葉は一般的には使われていませんでした。

「バブルは、弾けて初めてバブルと分かる」

これは、アメリカの中央銀行にあたるFRB（連邦準備理事会）の議長をつとめたアラン・グリーンスパンの有名な言葉です。

実際、89年までは株価・地価の上昇が本来の価値をはるかに超えた異常なもの、つまり「バブル」という認識は一般にはありませんでした。むしろまだまだ上がるという見方が強かったのです。

テレビ朝日の討論番組『朝まで生テレビ』では、1988年の放送で「日本は強くなりすぎ

た、これからどうすればいいか?」という訳の分からないことを話し合っていたほどでした。

当時の映画も、日本経済の強さを描いています。有名なアメリカ映画『バック・トゥ・ザ・フューチャー』の続編『PART2』(1989年)は、当時としては未来にあたる2015年を舞台とした作品です。日本企業がアメリカ市場を席巻していた製作当時、その延長線上に描かれた未来では、「フジツウさん」が主人公の上司となっていました。

また、『ダイ・ハード』(1988年)でも、テロリストが日系の大企業である「ナカトミ商事」を襲撃します。現在なら、狙われるのは中国系企業になっていたかもしれませんね。

日本映画では『ゴジラvsキングギドラ』(1991年)があります。23世紀の日本は、経済大国として赤字国の領土を買い占めて「地球一」の大国になっている設定です。巨大になりすぎた日本をたたきのめすため、未来人は1992年の東京に怪獣キングギドラを送り込んで、国力を消耗させせようとします。ここまでいくと荒唐無稽ですが、それほど当時の好景気を「空前の繁栄」として疑問なく受け取っていたということでしょう。

マンガも同様に、世界で活躍する「ジャパニーズ・ビジネスマン」を取り上げました。

弘兼憲史『課長島耕作』(講談社『モーニング』1983~92年連載)では、主人公の島は当時現実の世界で日本企業がおこなっていたカーレース事業への参入やハリウッドの映画会社買収などを手がけます。後者は1989年のソニーによるコロンビア映画の買収を思わせるものので、島の勤務する初芝電器に先んじてアメリカの映画会社を買収した「ソラー」は「アメリカ人の心を金で買収した」と語られています。

このようにバブル真っ只中においては、「経済大国・日本」を際立たせた描写が目立ちました。問題視されていたとすれば、地価の高騰でした。

1989年末で日本の土地資産は約2000兆円になり、アメリカの4倍になりました。初めに紹介した「日本列島を売れば、アメリカが4つ買える」というのはこのことです。

国税局の女性査察官が主人公の日本映画『マルサの女2』(1988年)では、借地で大衆食堂を経営している主人に地上げ屋が8億円もの立ち退き料を提示します。

マンガでは主人公・不破雷蔵《ふわらいぞう》と同居人の少女・氷山一角《ひやまいずみ》の住宅探しを通して当時の住宅事情が描かれた里星もちる『りびんぐゲーム』(小学館『ビッグコミックスピリッツ』1990〜93年連載)があります。この作品では、我が家に愛着を持ち立ち退きを拒む老人や「土地がない、住むとこが狭い、家賃が高い」と嘆く地方出身者など、地価高騰に翻弄される人々が登場します。

あるエピソードでは、大都会の片隅にあるキャベツ畑に一角を連れて行った雷蔵は、次のように語っています。

「ここのキャベツはどこにも供給されないよ。(中略)ここで腐っていくだけだよ。土地が値上がるのを待っているのさ。それじゃカッコつかないんでとりあえず畑にしてる。それに畑だと、税金が安くすむんだ。だから利用されていないムダな土地が、東京にはたくさんある。自分のことだけ考えて、土地がムダになっていくんだ」

ただ、バブルが崩壊して地価が下がっていくと、当初の設定がリアリティを失っていきます。頻繁に登場していた地上げ屋は姿を消し、不況のあおりを受けて主人公の勤め先が倒産するなど大幅な路線変更を余儀なくされています。この作品はストーリーがバブル崩壊の影響を受けた珍しいマンガでもあります。

長期連載で知られた秋本治『こちら葛飾区亀有公園前派出所』（集英社『週刊少年ジャンプ』1976〜2016年連載）では、この頃地価の高騰をテーマにいくつかのエピソードが発表されています。

1987年の「ひょうたんから10億円の巻」（単行本第56巻）では、主人公・両津の亡くなった大叔父が所有していた土地に10億円の値がつきます。そのうち9億円を着服した両津がイギリスへ飛び、オークションで競争馬を競り落とすという話です。これは地価高騰とあわせて、世界で美術品や不動産を買いあさった当時の日本人を皮肉ったものです。

また、1988年の「五輪男（オリンピックボーイ）・日暮《ひぐらし》巡査の秘密！の巻」（第62巻）でも、夏のオリンピックの年だけに目を覚ますという日暮巡査が登場して地価高騰が取り上げられています。彼は4年前に渋谷の土地を一坪80万で10坪買ったことを思い出し、確認すると8000万円で買った土地が50000万円になっていました。つまり、バブル前であった84年のロサンゼルス大会から88年のソウル大会までの間にいかに地価高騰がすすんだかを示すエピソードです。

さらに、1989年の「東京土地なし派出所の巻」（第63巻）では、ついに地価高騰によって派出所として借りている土地までが立ち退きを求められるようになり、東京各地の派出所が存亡の危機に立たされます。

このほか、88年の「嗚呼、愛しのF40の巻」（第62巻）は、超高級車・フェラーリF40をめぐるエピソードです。87年にフェラーリ社創業40周年を記念して市販されたF40は、新車価格で4650万円でした。当時の日本では価格が5倍以上にも高騰して、最高額2億5000万円で取引されるようになります。このことから投資対象として見られ、「走る不動産」とも呼ばれました。作中では値上がりを期待して、登録せずに投資対象として保管している者もいるとして「まるで車の地上げ」と呼んでいます。

では、当時のメディアはその後のバブル崩壊を予想すらできなかったのでしょうか？

結論から言うと、ほとんど不可能でした。

水沢渓（1936～2009）の経済小説『マネーゲームの終焉』（健友館、1990年）は、好景気に沸く当時にあってその終わりを描いた珍しい作品です。

この作品では1990年代に首都圏を襲う大地震がおこり、現実の史上最高値をはるかに上回る5万5000円台の日経平均が2万円台に暴落します。この作品が発表された半年後の90年10月、現実の世界では大地震がなくともバブルの崩壊によって株価は2万円をも下回っています。まさしく「事実は小説よりも奇なり」とでもいいましょうか。

バブル真っ只中の経済情勢を描いたメディアのなかで特筆すべきは、石ノ森章太郎『マンガ日本経済入門』(日本経済新聞社、1986~88年)です。当時珍しかった大人向けの経済教育マンガとして発表されたこの作品は、1987年のベストセラー4位となってアニメ化もされ、書名が流行語大賞の流行語部門・大衆賞を受賞するなど話題作となりました。

この作品では、プラザ合意に始まる低金利で貸し出し競争が激化したことから「お願いですから、借りてください」という信用金庫の支店長が登場します。このほか、経営不振であるにもかかわらず、地価高騰による含み資産が増えたことで「土地の値上がりが続く限り倒産しない」という企業も登場するなど当時の経済情勢を実況したものとなっています。

この作品で興味深いのは、バブル真っ只中にあってバブル崩壊後を予見するかのような言葉が登場人物を通じて語られている点です。主人公のアメリカ人女性アン・テイラーは、株価の上昇によって利益を出しているかのように細工する銀行や企業のやり方を「打出の小槌」と表現し、次のようにつぶやきます。

「…もし株が暴落すれば、——便利この上ない内出の小槌が消え失せてしまうのよね。…そうなったらどういうことになるのかしら…?」(第3巻)

これは、バブル崩壊後の日本経済が実際に直面する出来事です。

主人公たちは10年後、つまり当時からすれば１９９０年代後半の東京の地価を「現在の水準からするとずいぶん下がっている。…でも、値がつかないというほどではない」とし、「投機的な売買が沈静化して本当の需給を反映するようになる」とシミュレーションしています。

そのうえで、株価・地価の下降によって長期的には収益率の悪い企業は追い込まれて倒産が増大するとし、アンは「――その痛みに日本全体が耐えられるかどうかがポイントね！」と言っています。

この「痛み」こそ、のちにバブルの後遺症に苦しんだ日本経済を象徴した言葉になります。21世紀初め、小泉内閣のもとでにおこなわれることになるバブルの精算は、「痛みをともなう」改革と呼ばれました。

〔注〕
1 『政治・経済』東京書籍
2 本書の経済成長率は内閣府『平成30年度　年次経済財政報告』の「長期経済統計」中、「国民経済計算」内の暦年統計の実質前年比による。
3 朝日新聞１９８６年2月3日「情報も札束も都心へ…かくて地価急騰（金満症にっぽん：５）」
4 『週刊文春』１９８６年3月13日号「そろいぶみ大新聞『マネー情報』の情報戦争」

5 日経ビジネス編『真説バブル　宴はまだ終わっていない』
6 関東ゴルフ会員権取引業協同組合調べ https://www.mmjp.or.jp/tubaki-golf/gurafu-souba.html
7 日本経済新聞電子版２０１８年4月23日
8 野口悠紀雄『戦後日本経済入門』（新潮社、２００８年）
9 軽部謙介『検証　バブル失政』（岩波書店、２０１５年）
10 椎根和『銀座 Hanako 物語　バブルを駆けた雑誌の２０００日』（２０１４年、紀伊国屋書店）
11 朝日新聞１９９２年12月24日「92経済事件簿　不況色に暮れて」
12 産経ニュース２０１６・11・18
13 前掲野口『戦後日本経済入門』

第2章

「平成最初」の若者
vs
「平成最後」の若者

授業2
30年あまりで若者はどのように変わったか?

1　バブルと重なった親世代の青春

ここでは、昭和の終わりから平成初めにかけての若者に焦点をあててみましょう。

経済動向は人間の考え方に大きな影響を与えます。ご両親や親戚の方が当時の若者、すなわちバブル世代という人は多いのではないでしょうか。ただ、私を含むこの世代は社会人としては本当の意味でバブルの恩恵にあずかったとは言い難いのです。実際には私たちより上の世代がバブルを最前線で経験しています。ですが、私たちは、あの時代の空気を若者として敏感に感じ取った世代と言えるでしょう。

現在「バブルの象徴」とされるものは、バブル世代の間で流行したものが少なくありません。その子世代にあたるのが君たちです。いわば、親世代が「平成最初」の若者で、君たちは「平成最後」の若者ですよね。

バブルが膨らんでいくと、土地や株への投資とは無縁だった若者も無関係ではなくなります。その影響は昭和の終わりである１９８７（昭和62）年頃から強くなってきます。内需拡大のかけ声のもと、ゴルフ場だけでなくスキー場やテーマパークなどの建設ラッシュが始まります。とりわけスキーは、87年に公開された映画『私をスキーに連れてって』をきっかけに若者たちの間でブームとなりました。

当時は今に比べると全人口に占める10～20代の若者の割合が多く、メディアもこの年齢層を流行の発信源として意識していました。そういう意味では中高年・高齢者向けの懐メロや健康番組がゴールデンタイムに放送される現在と異なります。

80年代後半以降、全国のスキー場は若者で埋め尽くされていきます。これを後押ししたのが、この年の6月に施行したリゾート法（総合保養地域整備法）でした。この法律によって国から承認を受けたレジャー施設やリゾート開発は、税金や資金面で優遇措置を受けられました。こうしてリゾート開発の名目で、地価高騰の波が地方にもおしよせていったのです。開発の噂が立つと、何もない原野までも値上がりすることがありました。

こうして全国各地では、スキー場・テーマパークなどの建設計画が立ち上がりました。しかし、その多くは見通しの甘さなどからバブル崩壊後に次々と破綻していくことになります。破綻後は競売にかけられて格安施設として再スタートできればまだいいほうで、廃墟となって心霊スポットとして有名になったところもありました。ただ、それはまだ10年以上あとのことです。

90年代前半まで若者を中心にスキー人口が増え続けますが、これは内需拡大に後押しされてスキー場が増えたこともその理由の一つでした。スキーにまつわるエピソードを聞いた人はいますか？

「バブルの始まりの頃に社会人となった母親によると、アフターファイブや休日は友人と食事や芸術鑑賞、テニスなどを楽しんだそうです。スキー場の開発が盛んで、『私をスキーに連れてって』という映画が大ヒットした影響でスキーブームがおこって、週末の夕方になるとバスターミナルにはスキー板を持った人の列ができていたと言ってました。長期休暇を利用してダイビングに出かける友人や先輩も多かったそうで、『よく働きよく遊んだ』と言っていました」（男子）

「両親の世代はみんなスキーができると聞いたことがあります。とにかくお金を使う遊びをしていたそうです」（女子）

この年、中曽根内閣によって国の事業だった日本国有鉄道（国鉄）が分割民営化されてＪＲグループが誕生しました。このアルファベット２文字の新しい名前はわかりやすく、すぐに浸透して流行語にもなります。

とくにJR東海のテレビCM「シンデレラ・エクスプレス」が若者の間で話題となりました。新幹線のホームを舞台に遠距離恋愛中の2人を描いたこのCMは、古臭い旧国鉄のイメージを一掃しました。

まだインターネットや携帯電話も普及しておらず、連絡は固定電話か手紙の時代です。今から見ればもどかしい時代ですが、バブル世代には思い出深いCMのひとつとして知られています。とくに89年から92年にかけて、山下達郎のヒット曲を使用してクリスマスに再会する2人を描いたシリーズが有名となりました。

「お母さんがこのCMを好きなのと、バラエティ番組でも『昔の有名なCM』として紹介されていたので私も知っていました。今でも十分かわいいと思います。ただ、今までなぜ有名なのか分かりませんでしたが、授業でその背景を初めて知りました」（女子）

「『JR東海のCMが素敵』とお母さんに見せられたことがあります」（女子）

空前の好景気は若者の働き方にも影響を与えました。

「フリーター」という言葉が誕生するのも1987年です。会社に縛られない新しい自由な生き方として、あっという間に若者の間に浸透していきました。この年に公開された映画『フリーター』は、「近頃、社会を自由形で泳ぐ奴らがいる」をキャッチフレーズにアルバイト派遣サークルを結成した若者たちを描いています。草野球の代打や墓参り代行などのアイデア勝負で稼ぐなど、今とはかなりイメージが異なりますが当時のフリーター像を垣間見ることができます。

当時のフリーターは、普通のサラリーマンよりも収入がいいことも珍しくありませんでした。つまらないサラリーマンよりもフリーターをしながら夢を追うことに共感する人も少なくありませんでした。

のちに平成の不況が長期化するなかで、フリーターは正社員とは区別された「非正規雇用」として格差や貧困の問題とセットで語られるようになりますが、この段階ではそんなことを考える人はほとんどいませんでした。不安定ではあるものの、私も含めて「将来は何とかなる」と思っていた若者がほとんどでした。言い訳に聞こえるかもしれませんが、10年以上先の未来など想像もつかなかったのです。

「父は学生時代にバイトで月50万は稼いでいたらしい。学生の身分でどうしてそんな稼げたのかと聞くと、『もっと稼いでいたやつらがわんさかいた』と返事が返ってきた。まるで夢のような話で、両親ともに口をそろえて言うには『この時代がずっとつづくと思っていた』ということだ。お金をつかえばその分増えて、その繰り返しが一生続く、みんなが本当にそう思っていたらしい」（男子）

フリーターは当初「フリーアルバイター」と呼ばれていましたが、１９８７年にアルバイト情報誌『フロム・エー』（リクルート、２００９年休刊）によって名付けられたのが始まりです。「フリーター」の呼称は１９８９年頃から新聞などでも使用され始め、91年刊行の『広辞苑』第四版に初めて記載されています。

出現したばかりのフリーターは、社会の中でかなり肯定的にとらえられていました。読売新聞が１９８９年におこなった世論調査によると、フリーターへの共感度は全体では40％が「共感」で、20歳代だと63％、学生となると71％が「共感できる」と答えています。[1]

これに対して２００８年の調査では、「定職に就かず、多少収入は不安定でも、好きな仕事を好きなときにやる」という生き方について、「共感できる」との答えは全体でわずか23％であり、最も多い20歳代でも42％と89年に比べて大幅に低くなっています。逆に「共感できない」は全体で76％にも達しており、[2]この20年の間に大きな意識の変化が起こったことがわかります。

バブル期の若い女性のファッションとして有名な、体のラインを強調したボディコンシャスの服が大流行するのもこの年の夏のことです。ワンレングスの髪型とあわせて「ワンレン、ボディコン」と呼ばれました。お母さんがそうしたファッションをしていた人もいるかもしれませんね。

「ワンレングスは母が高校生の頃、流行っていたようです。母は女子校に通っていたんですが『高校の卒業アルバムは、皆がワンレングスで面白かった』と言っていました。ドラマをお手本としたらしいボディコンと呼ばれる服、太い眉毛に真っ赤な口紅というこの時代のファッションは、私からすればとても派手で、絶対着たくないと思ったし、今このような格好をすると確実に浮いてしまう」（女子）

「母も若い頃、友だちと一緒にディスコへ行ったりして、楽しんでいたようです。そして、この頃流行していたファッションはボディコン・ミニスカートでした。母もよくミニスカートをはいていて、ズボンははかなかったそうです」（女子）

「当時のファッションと言えばワンレン、ボディコン、赤の口紅であったそうで、母もボディコンを着て当時流行っていたマハラジャというディスコに行っていたそうです。どうしてそんな派手な服を着ていたのかと聞くと、『当時はそれが普通でとくに派手とは思っていなかった』と言っていました。母はディスコへ行っているのが祖母にばれると叱られるので、内緒で友達と出かけていたと言っていました」（女子）

前年には男女雇用機会均等法が施行されて、女性の社会進出がすすむきっかけとなりましたが、このファッションは均等法によって誕生したキャリア・ウーマンの勝負服としても有名になりました。

バブルの波に乗って、若者の間でも高級ブランド志向が高まっていきます。89年に流行語にもなったマガジンハウス社の女性雑誌『Hanako』は、その火付け役となりました。

この年、アメリカのジュエリーブランド「ティファニー」がヒット商品番付に選ばれていますが、これは前年に同誌が組んだ特集から火がついたものでした。[3] これによってオープンハートネックレスが大流行し、クリスマスには恋人へのプレゼントにと若い男性が百貨店で行列したことは有名なエピソードとして知られます。

「母はティファニーが大好きで、そこまでかわいくないのになぜだろうと思っていたのですが、バブル景気で流行したからということがわかって納得しました」（女子）

「父はつきあっていた彼女のために半年前から人気ホテルのクリスマスディナーを予約して、クリスマス前に別れて落ち込んだ経験があると話してくれました。今では考えられない、想像できないことが多すぎて、同じ日本ではなくて別世界の話を聞いているようで楽しかったです」（女子）

「母はいつも『量より質をとりなさい』というのですが、それは若い頃から質の良い物に触れてきたからこそのアドバイスなんだな、と思いました。若い頃の経済状況は自分の中での価値

観に影響を与えるんだなと思いました」（女子）

『Hanako』から作られた当時の流行のなかには、現在定着しているものもあります。89年のワイン・ブームで解禁日がイベントにもなったボジョレー・ヌーヴォーは毎年11月になると当たり前のように売り出されていますし、90年のヒット商品番付にも選ばれた「ティラミス」はオシャレなスイーツとして当時流行しましたが[4]、現在ではコンビニでも買えますよね。

当時お祭り騒ぎの様にもてはやされたものが、現在では自然に楽しめるものになっています。そういう意味では、日本社会は平成の30年で成熟したのかもしれませんね。

2　就活が楽勝だった平成初め

「父が就職活動をしていた頃、OB訪問に行くと豪華な食事が出て、交通費は長距離でもすべて会社が出してくれたそうです。会社訪問解禁日以前に内定をもらっていた父は、当日は他の会社へ行くことを防ぐため、拘束されて手当を支給され、レジャー施設に行って遊んでホテルに2泊ほどしたそうです。『就職活動を通じてバブル突入を体感した』と父は語ってくれました。入社後は新人もタクシーチケットや多額の交際費が支給されて豪華な接待を経験し、営業目標を達成すればごほうびとして研修旅行という名目で海外旅行がプレゼントされたそうで

す」（女子）

こんな話を聞いてきた人は多いのではないでしょうか。平成初めの頃の就活を描いた映画に『就職戦線異状なし』があります。空前の人手不足のなか、この作品では就活に挑む学生はもちろんですが、内定辞退を防ごうとする企業側の涙ぐましい努力も描かれました。内定を確約させるため学生はお客様同然にあつかわれます。学生から「二股は就職活動の常識」「内定者は王様なんです」なんてセリフも出てきます。

この作品が公開された１９９１（平成３）年に卒業した大学生、つまり90年に就職活動をした大学生の就職率は、オイルショック以降最高の81・３％でした。

１９９０年は、株価の急落によってバブル崩壊が始まっていましたが、多くの若者にとっては、ほとんど他人事だったのです。人手不足はなおもつづいており、将来への不安を感じさせるものはありませんでした。１９９０年７月の有効求人倍率（仕事を探している人ひとりあたりに何件の求人があるのかを示す指標）は１・46とバブル期のピークで、アベノミクスのもと２０１７年に「バブル超え」が果たされるまでは90年代以降最も高い水準でした。当時の新聞記事を見てみましょう。

学生様「ご内定」の朝　今年も「後追い」会社訪問解禁
企業の争奪戦本番　「米西海岸」で引きとめも

コンピューター会社から、6月ごろ「内々定」をもらった学生（23）は「内々定をもらった時に、9月上旬に工場見学を兼ねて、米国西海岸に連れて行く、といわれました。早い人は、7月ごろにもう行っています」という。自動車メーカーに決めた男子学生（23）は「20日は、都内のホテルに内定者が集まります。拘束のためだと思うが、たぶんパーティーでしょう」。

（朝日新聞1990年8月20日）

2010年代以降、人手不足や景気回復によって若者の就職状況は改善しています。ただ、この頃は好景気が未来永劫つづくという根拠のない自信が社会を覆っていました。日本経済への不安は皆無に近かったのです。

この年のヒット商品番付では横綱に「豪華社員寮」が選ばれています。企業はあの手この手で学生の気を引こうとしていましたが、当時の若者向け雑誌の特集記事に次のような特集が組まれていました。

これぞ極楽四季報　アメニティー度で会社を選んでしまう

「将来性のある会社に就職したい」のは山々だが、政治も経済もめまぐるしく変化する現代では、どの企業が伸びるのか、本当のところを予測するのは難しい。それなら、快適施設の充実度も会社選びの重要な要素になるハズだ。

（『GORO』小学館、1990年4月12日号）

この記事では、就職活動を控えた読者向けの特集として、就職先を「福利厚生の充実具合」で選ぶことを勧めています。これで「先端企業の嬉しい休暇制度ズラ〜リ」というタイトルのもと、おススメしている企業のなかに日本長期信用銀行という銀行があります。この銀行は当時「長銀」と呼ばれ、行員はエリートの象徴とされました。しかしながら、バブル崩壊後、経営破綻してこの記事の8年後に消滅することになります。

『GORO』小学館、1990年4月12日号より

こうしたなかで、バブル世代は我が世の春を謳歌しました。この年、「車での送迎専用の都合のいい彼氏」を意味した「アッシー君」や食事専用

の「メッシー君」などが若者の間で流行語となりました。これを聞いてきた人はいるでしょうか？

「母からよく当時のアッシー君やメッシー君などの話を聞いたことがあります。今の時代では考えられない送り迎えだけのアッシー君、ご飯をごちそうになるだけのメッシー君が当時は本当に一般的に存在したそうです。母にそのような人がいたのかと問うと、笑ってごまかされました」（女子）

「母が教えてくれた当時の言葉で『アッシー』『メッシー』というのがありました。僕が知らないと言うと驚いていました。僕の父も『アッシー』で『メッシー』だったみたいです」（男子）

逆に言えば、「クルマを持ってる男子」が今に比べて当たり前の時代でした。１９９０年は、新車の販売台数が約７７７万台と日本史上最も新車が売れた年になります。最近と比較すると、２０１７年はその３分の２の約５２３万台しかありません。[6]

同じように「女子に食事をおごれる男子」も当たり前のようにいた時代でした。消費生活はカッコいいものであることをメディアも描いていました。

『私をスキーに連れてって』に登場する若者たちは、スキーウェアはトップブランドであるフェニックス、板は当時人気であったロシニョール、愛車はブームを巻き起こしたトヨタのセリカGT-FOURとブランドにこだわり、休みとなればスキーで夜はロッジ貸し切りでのパーティーと消費意欲旺盛でした。

「父は、自分の稼いだお金をほとんど自分の趣味に注ぎ込んでいたみたいです。『DCブランド』のコムサデモードとジュンのブランドがお気に入りだったと言っていました。『DCブランド』の意味が分からなかったので、自分で調べてみると『今は死語』と書かれていました。父の友達も株で稼いだお金でホンダのプレリュードという当時若者に人気のあったスポーツカーを買ったそうです。入社後、父はゴルフを始めたそうなのですが、大阪近辺ではゴルフ場の予約がとれず、朝4時に起きて日本海側のゴルフ場に車で行っていたようです」(男子)

「母に『ディスコに行ったことあるの?』と聞いてみると、『当たり前のように行っていたよ』という答えが返ってきました。母は、年上や男の人と行くときは全てお金を出してもらっていたらしく、驚きでした」(女子)

ニッセイ基礎研究所のレポートによれば、2014年の30歳未満の単身勤労者世帯の消費実態をバブル絶頂期の1989年と比較すると、物価上昇を考慮しても可処分所得(所得から税金などを差し引いた自由に使えるお金)が増加傾向にあるにもかかわらず、消費性向は低下を続けているとしています。[7] つまり、現在の若者は決して「お金がない」わけではないが使わない傾向にあり、逆に言えば、バブル期の若者は現在と比べて所得が低かったにもかかわらず消費意欲が旺盛であったということです。

図2−1にあるように、当時の4年制大学の就職率は80％前後でしたが、バブル崩壊後は90年代半ばに70％を下回って2010年代前半まで55〜70％で推移しました。その後、景気回復や労働力人口の減少による人手不足などにより状況は改善し、2011年以降8年連続で上昇しています。その一方でデフレは依然として続いており、成長率がバブル期並みに回復したわけではありません。

この一方で、図2−2を見てください。非正規雇用が占める割合は1989年では労働者全体の20％弱であったのに対し、2010年代後半になると40％近くになっています。当時はまだ現在のような正社員と非正規雇用の格差の問題はおこっておらず、男性であれば正社員であることが当然とされていました。こうしたことが無邪気に将来を信じることができた当時の若者と、何かしら将来への不安を抱えている現在の若者との差なのでしょう。

さらに、高齢社会の進展とともに現在では若者人口の割合が減少しており、その分社会的影響力が低下していることも推測できます。図2−3から20歳以上30歳未満の若者が全人口に占める割合をバブル当時と比較してみると、1990年は13・6％です。これに15〜19歳を加えると当時の全人口の21・7％を占めており、当時は国民の5人に1人が15〜29歳の若者でした。

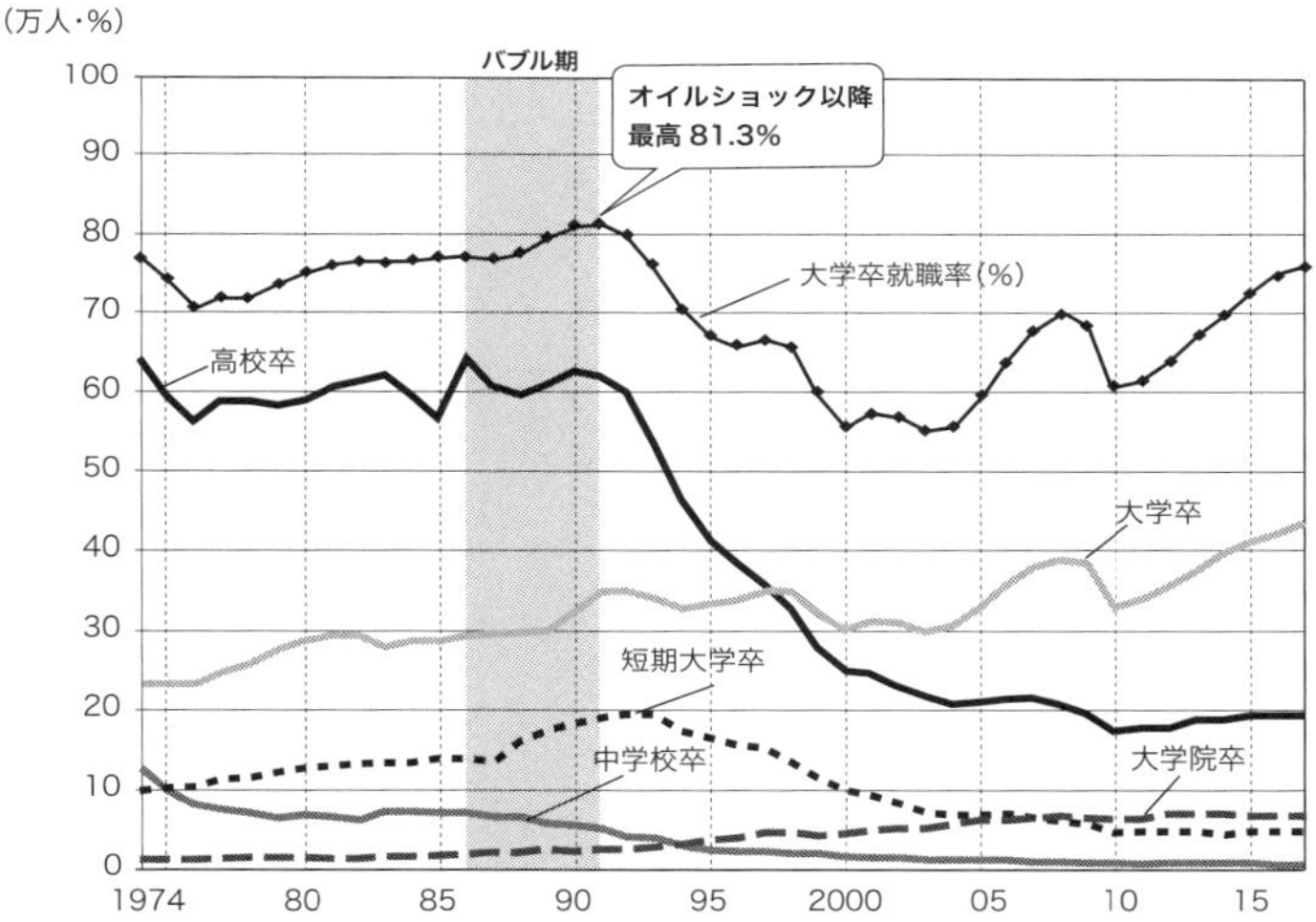

(注)各年3月卒業生の就職者総数(大学院卒は修士課程を含む)と大学卒就職率(進学後に就職した者を含む)

出典：文部科学省「学校基本調査」

図 2-1　オイルショック以降の学歴別就職者数および大学卒就職者数の推移

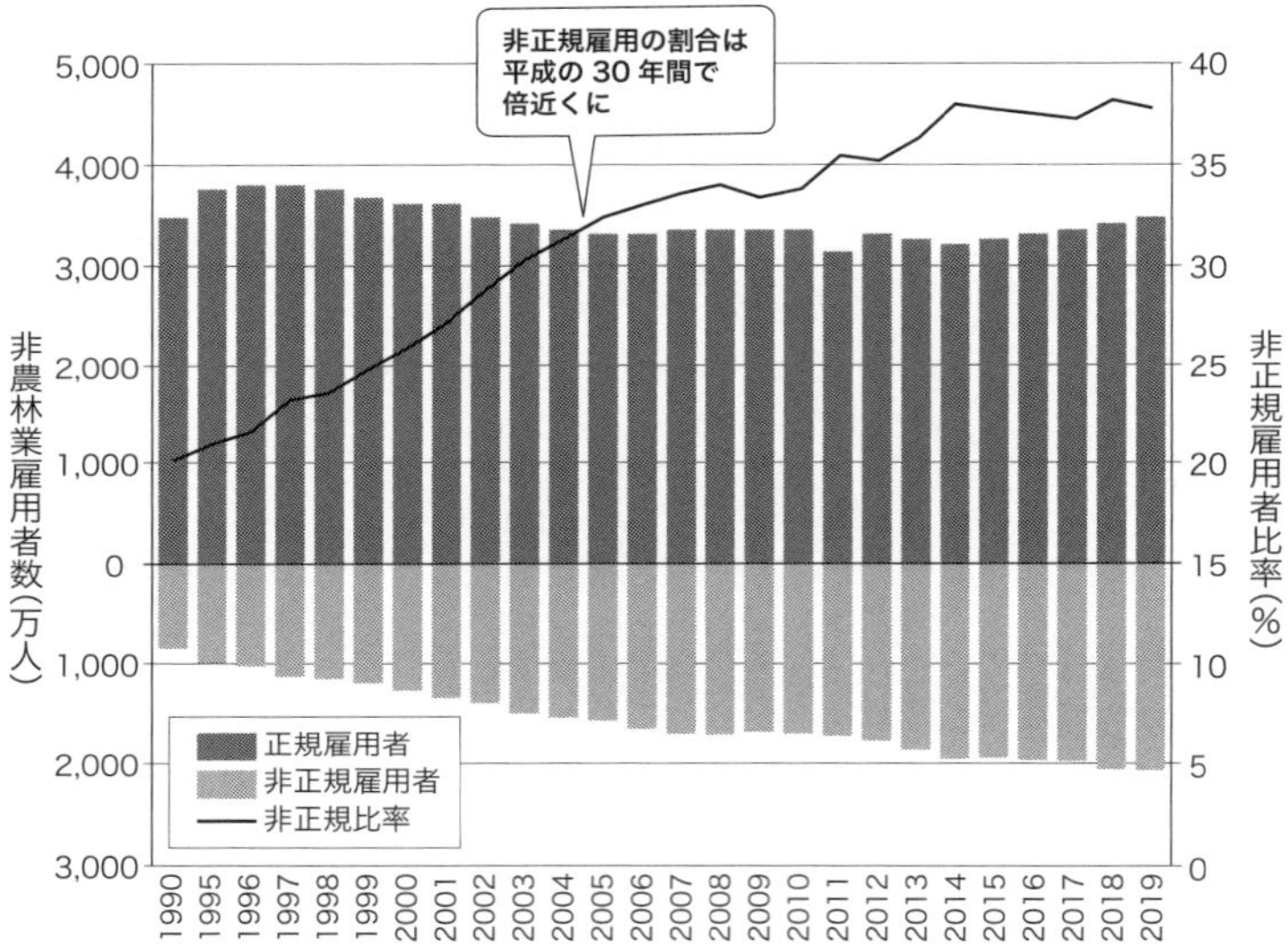

（注）非農林業雇用者（役員を除く）が対象。1～3月平均（2001年以前は2月）。男計と女計を合計した結果。非正規雇用者にはパート・アルバイトの他、派遣社員、契約社員、嘱託などが含まれる。2011年は岩手・宮城・福島を除く。

出典：総務省「労働力調査」

図 2-2　正規雇用者と非正規雇用者の推移

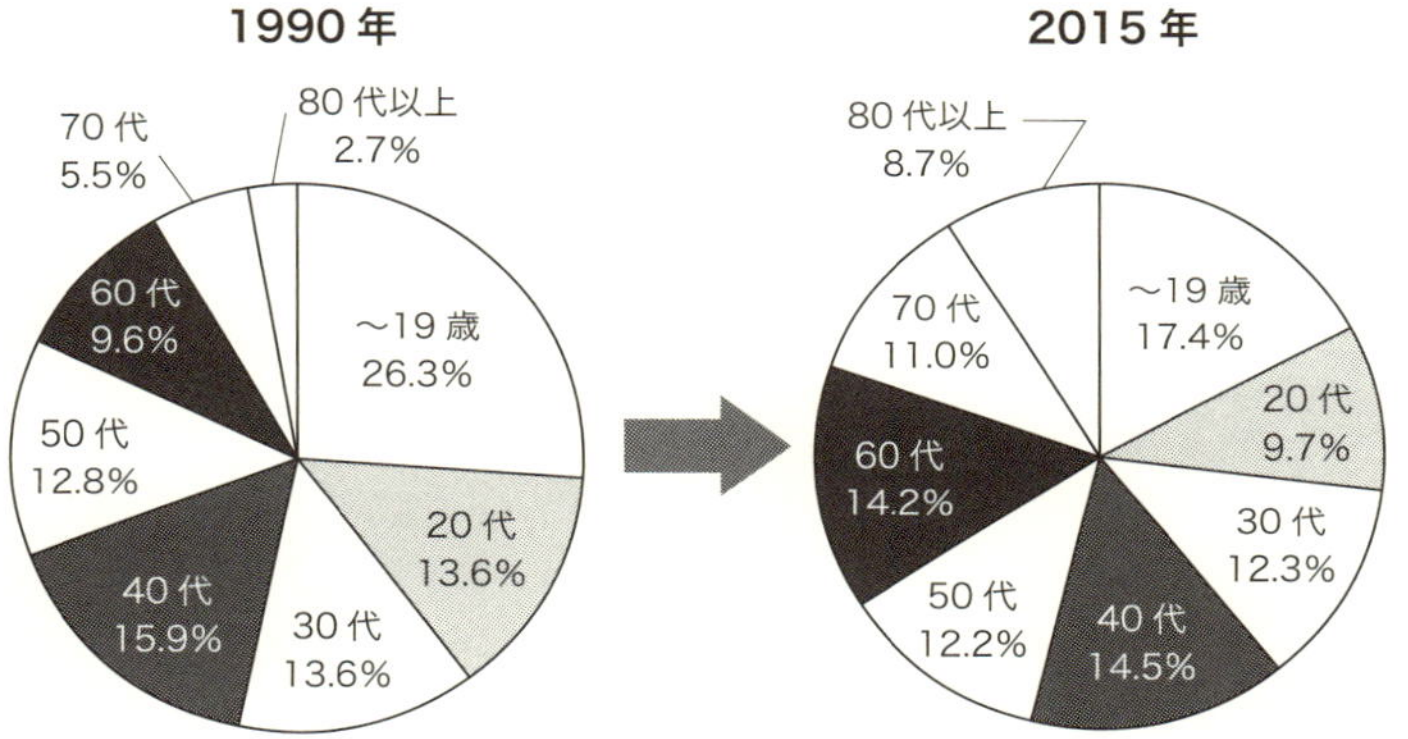

出典：平成27年国勢調査

図2-3　日本の総人口に占める年代別割合（1990年と2015年）

一方、2015年の20代は9・7%まで減少しており、これに15～19歳を加えても14・4%です。これに対し40代・60代の割合が高く、あわせると全国民の3割近くまで達しています。つまり、バブル期と比較すると10代後半から20代の若者の割合は3分の2ほどになっており、逆に60代の割合は1・5倍となっているのです。

これにともなって若者を対象とした市場も縮小し、価値観の変化にも影響を与えていると考えられます。『私をスキーに連れてって』が公開された1987年以降、スキー人口は20代を中心に急増して1993年にはピークの1860万人に達しました。しかしながら、21世紀に入ると急減して2016年にはスノーボードをあわせてもピーク時の3分の1ほどになってしまいました。しかも、参加人口に占める割合は20代よりも40代の方が高くなっています。[8]

3 「平成最後」からみたバブル世代

ここでは、大人から当時の若者の様子を聞いて、君たちが感じたことを発表してもらいましょう。君たちが印象に残ったことや、理解できなかったことがこの30年ほどでおこった変化だと言えます。

平成の30年間で、若者の感覚も大きく変わりました。

「『携帯電話やインターネットもなかったので、とにかく皆街へ出て行く。バブルとはそういう時代だった』と言っていました。男性は女性に奢るのが当たり前で、車を持っていない男は人並みに扱われなかったらしく『今の男の子はお金をつかわなくてすむから幸せ』と言っていました。僕には彼女でもない女友達のご飯を奢ったり、車で送ったりする心情が理解できません。今の若者にはない謎のエネルギーがあったのでしょうか」（男子）

「友人のお母さんの話が面白かったです。どこへ行っても男性がごちそうしてくれるので財布がなくても遊べたり、デートのときにサプライズで、自分へのメッセージをビルに映し出してもらったそうです。日本と思えないような豪快さや大胆さがあって、ちょっと引いてしまいました」（女子）

「母に話を聞いて驚きを隠せませんでした。私が社会に対して感じていることと、当時母が感じていたことがあまりにも違ったからです。私たちは、『ひょっとしたら就職できないかもしれない』という不安を常に抱えています。しかし、当時の若者は就職に対して不安がなく、夢や希望にあふれていたように思えました」（女子）

「当時、父と叔父は高校生で、高校生はブランドを着ることが当たり前でステータスだったため、同級生に負けないようにブランド品を着ていたそうだ。祖父も自分の息子が他人の息子に負けるのが嫌で、2人の息子の服に何百万も使っていたらしい。

服にそんなお金をかけていた時代があったなんて信じられない。当時の父の写真を見せてもらったが、『こんなしょうもない服が何十万もするのか』というのが最初の印象で、着ている服やズボンなどをあわせると100万円以上になっていたらしい。

祖父は当時時計を集めることが趣味で『今も家にあるからあげるよ』と聞かれ期待して行ったけど、どれもこれも『金色』だったので遠慮した」（男子）

「私も含め、私と同年代の人は、一度でいいから若いうちにバブル期のような体験をしてみたいと思っている。親世代やテレビから見聞きしてきた当時は、きらきらしていて日本中が浮かれていたように感じている。当時の若者はスキーやマリンスポーツなど活気に溢れているように感じられる。当時の人々が私たちの暮らしを見たら、どう思うだろうか。日本が一番であることを信じて疑わない人、お金は無限にあると思っている人、それがはじけてしまうことを当

時の彼らが知ることが出来たら日本は今と異なる日本だっただろうか」（女子）

「私は『高い物を買うのが格好いい』という当時の感覚がいまいち理解できません。数十年間だけで、こんなにも世の中が変化したことに驚きました」（女子）

「『どうせ』『何やったって』『仕方ない』『無理』『無駄』どれも私の口癖だ。勉強に限らずいろんなことで自己否定的な発言をする私に対して『そういう風に言うから無理になるの。そんなこと言うのをやめなさい』と母は昔から言う。

しかし、学校でバブル期を勉強していると言うと、母はいつもと違うことを言った。

『あの頃は正直将来なんてどうとでもなると思っていた人が多かったし、そういった浮ついたというか、根拠のない安心感が日本に広まっていた。私はそういった雰囲気の中で生きてきたから、あなたのその口癖が気になるのかも知れないわね』

一瞬、何を言っているのか理解できなかった。そこで、自分なりに考えてみることにした。

母が若かった頃と今の私たちとでおかれている状況にどのような差があるのか。今は当時と異なり不景気で、有名大学を卒業したところでどうなるかわからない。私個人としては『どれだけ頑張ったところで、未来なんてどうなるかわからない』という考えを持っている。頑張りが足りないと言ってしまえばそうだが、母の若かった頃とはあまりにも違う。あの頃がうらやましい訳ではないが、あの時代に生きていればこんなにも不安を抱かなくて済んだかもしれないという思いもある」（女子）

4 「平成最初」からのメッセージ

平成初めの頃の若者は好景気のなかで青春を謳歌し、就職も難しくありませんでした。ただ、その一方で、バブル崩壊後はそれ以前との価値観の変化に翻弄された世代でもあります。

そうした経験を持つ大人たちは君たちにどんなメッセージを送ってくれましたか?

「両親からこう言われました。『今の若い子は車もいらない、服も何となくでいい、お酒もあまり飲まない、夜は家にいたいといった子が多いかもしれない。それを悲しいことだとは思わないし、あの頃の軽くて馬鹿だった私たちの世代が正しかったとは思わない。けれど、とにかく行動していたこと。外に出ていたこと。いろいろな人と知り合うために、自分の声でアクションを起こしていたこと。そういったことは今の若い子たちにとっても大切なのではないかと思う』」(男子)

「(母親から)当時は浮かれているばかりでなく、バイタリティに溢れていた。当時の若者は活気に溢れ、行動力があった。遊ぶことに対しても自分でお金を稼いで全力で遊んでいた。何事に対しても意欲的であった。今の若者は『どうせ』『できないし』など後ろ向きな言葉が多い。行動力がない。その半面、昔と比べると地道な努力ができる若者も多い。社会的に政治へ

の展望や分析に興味をもつ子も多いと思う」（男子）
「話をしてくれた大人たちは、最近の若い人たちが就職しているのにお金を貯めるだけで、車を買わないことにすごく時代を感じていました。父が話していた『浮かれすぎるのはあまりよくないことだが、今の時代があまりにも元気がなさすぎる』ということが印象に残りました」（男子）
「母や叔母の世代から見て一番変わったことは、お金に対する考え方だという。叔母が娘に大学入学祝いとして少し高いブランド物のバッグはいるかと聞いたところ、『そんなのいらない。だいいち友達の中にそんな物もっている子いないよ』という返事が返ってきたらしい。叔母は自分の経験から『女子大学生がブランドのバッグをほしがるのは当たり前』だと思っていたらしく、とても驚いたと言っていた」（女子）
「今とは違って積極的で活動的な人が多かったバブル世代の人たちは、今の若者の生活をつまらないと思うそうだ。『今の若者は車も乗らない、お酒も飲まない、高いレストランにも行かない、洋服も靴も買う気にならない。そうした考え方が理解できない』と祖父や祖母でさえ言っていた。『貯金してばかりで、何にも使わないで何を楽しみに生きているのかわからない』と。考え方というか価値観から全て違うと思った」（女子）
「インタビューに答えてくれた大人たちが全員言っていたことがある。『今の高校生が、今の経済状況を普通だと感じていることがとても残念だ』ということだ。『バブルが弾けて全ての人が何もかも失ったわけではない。冷静に世の中を見ていた人は今も活躍している。夢を見るだけでは生活できないが、この30年を見てきた世代の人間として、ただ黙々と過ごすのが良しとなっている現在に物足りなさを感じ、残念な気がする』ということだそうだ。『今の若者は頑張れば成功するという感覚が少ない気がする。もっと世界を見て、良い意味で人と同じことをするのではなく、自分の個性を大事にして欲しい』そう語っていた」（男子）

私たちは、無邪気に経済大国・日本を信じることができた最後の世代でもあります。

高度成長期いらい、「株式会社ニッポン」とさえ呼ばれたこの国は、他の分野はともかく、経済は世界一だという自負がありました。当時の私たちにとってバブルは「根拠のない繁栄」などではなく、日本の実力なのだと単純に考えていました。だからこそ、私たちは屈託無く「将来は何とかなる」と思うことが出来たのだと思います。

そうしたことが崩れ去っていく様子を次章で語ります。

〔注〕

1　１９８９年４月29日

2　２００８年７月31日

3　前掲椎根『銀座 Hanako 物語 バブルを駆けた雑誌の２０００日』

4　同

5　文部科学省「学校基本調査」「卒業者に占める就職者の割合（昭和25年〜）」

6　日本経済新聞2018年1月5日

7　ニッセイ基礎研究所「若年層の消費実態（1）―収入が増えても、消費は抑える今の若者たち」
http://www.nli-research.co.jp/report/detail/id=53061&pno=2?site=nli

8　日本生産性本部「レジャー白書」

第3章

バブルがはじけ、長い不況が始まった

授業3

バブルの崩壊と残り香　1990(平成2)年~1994(平成6)年

1　正義だった「バブル崩壊」

ここからは、バブル崩壊によって始まる不況の始まりを話します。

1990年の株価の急落によって、4万円に近かった日経平均は10月に2万円を一時割り込みました。2万円ほどの株価はアベノミクスでも超えているので、いかに急激な値動きだったかということが感じとれるかと思います。

この年の一連の株価暴落は、当時国民的な話題となりました。少年誌に連載されていた『こちら葛飾区亀有公園前派出所』でも、「例の暴落」で大損をしたというセリフが出てくるほどでした。『広辞苑』には91年刊行の第四版で「バブル」が初めて採用されました。

こうして、前年までの高騰は、本来の価値からかけ離れたものであったという認識が広がり始めました。つまり、中身がともなわないのに価格だけがつり上がっていたということです。この状態を「バブル」と言うようになります。

土地についても同じことが言えました。土地ころがしなどのマネーゲームが横行した結果、異常な地価高騰がおこりました。もはや都心では家は庶民にとって、夢のまた夢となったのです。本来の価格に戻すため、その資金源を規制する必要があると考えられるようになりました。大蔵省（現在の財務省と金融庁にあたる中央官庁）は土地への投機に貸し出されている資金を規制するため、90年3月に金融機関に対する不動産融資総量規制を出します。あわせて日本銀行も公定歩合を8月に引き上げ、バブル前を上回る6％になりました。こうして資金が借りにくい状態がつくり出され、地価高騰にストップをかけようとしていたのです。バブルを潰して、庶民でも家が買えるようにしなければならないということです。

この先頭に立った当時の日本銀行総裁・三重野康は、庶民を守る時代小説のヒーローになぞらえて「平成の鬼平」と呼ばれました。

ところで加熱する景気の調整は、やり方とタイミングを間違えれば不況を引き起こすと言いましたが、これらの政策は予想を超えて大幅な地価の下落を引き起こすことになります。そして、これが長い不況の始まりとなります。

このことは、日本の頭脳であった大蔵省や日本銀行のエリートですら見通すことはできませんでした。ただ、そうしたことが分かってくるのはもう少し先の話です。

現在ではバブル景気の終わりは1991年2月とされていますが、少なくともその当時はそうした認識はありませんでした。この年の初め、アメリカを中心とした多国籍軍とイラクの間に湾岸戦争がおこりますが、春先には多国籍軍の勝利に終わります。この頃には日経平均は2万7000円を一時回復し、好景気はまだつづくと見られていました。

「母やいとこの母は当時高校生でしたが、早く大人になりたいと思っていたそうです。理由はやはり大人たちがとても楽しそうだったから憧れていたそうです。また2人ともこのバブルがそのままずっとつづくと思っていたそうです。誰も未来が今のようになるとは思っていなかったと言っていました」（女子）

91年8月に出された年次経済報告では「いざなぎ景気とならぶ長さとなる時点が目前となっている」と述べられ、10月の月例経済報告でも「日本経済は緩やかに減速しながらも、引き続き拡大している」としており、好景気は持続していると見られていました。当時一般的には、バブル景気はいざなぎ景気を超えて、戦後最長の好景気となることは確実と見られていたのです。

歴史的事実としては、バブル景気は51ヶ月で終わり、57ヶ月のいざなぎ景気を超えることはありませんでした。ただ、この時点ではそうした認識はなく、「いざなぎ超え」が幻であったと経済企画庁（当時）が判断するのは、92年2月になってからのことです。

2　実体化する「バブルの構想」

バブルの頃、金利が低く銀行は気前よく貸してくれたので、いろんな事業は必要以上に豪華になりました。豪華な社屋、社員寮、保養所なども当たり前のように出現しました。どうせ造るなら目立つものを……という訳でデザイン重視、機能性や採算を度外視という奇抜な建物が増えていきました。何しろ経費はふんだんに使えたのですから。バブル期の建物は不思議な形状のものが多く、今でも人の目を引きます。

こうした計画の多くが実体化するのは、バブル崩壊後のことでした。

１９９０年、現在の東京都庁舎が完成しますが、その威圧的なデザインから「バブルの塔」と呼ばれました。

現存するバブル期の建築物の中で特筆すべきは、91年に老舗旅館を全面改築してオープンした和歌山県白浜町の「ホテル川久」です。温泉街にそびえたつヨーロッパの古城のようなこのホテルは総工費約３００億円であり、ホテルそのものが世界の一流職人によってつくられた一級の芸術品です。

屋根にはかつて中国の皇帝が住んだ北京の紫禁城と同じ老中黄の瑠璃瓦47万枚が使われており、遠くからでも目を引きます。高知城にも使用された土佐漆喰のエントランスをぬけると、

古城のような風貌の「ホテル川久」（同ホテルの絵ハガキより）

思わず見上げる天高のドーム天井があり、陽にあたる時もっとも美しくロビーを照らすように計算された純度22・5金の金箔が張り巡らされています。

ロビー壁面にはシリアで発掘された2世紀制作のビザンチンモザイク画が埋め込まれ、ヨーロッパ一帯でも探し出せなかった幻のワインを所蔵していたワインセラー、ヴェネチアングラスのシャンデリアなど……説明するだけで豪華絢爛なホテルです。

当時は全室スイートの会員制で個人会員は1口2000万円、法人会員は6000万円でしたが、バブル崩壊後は採算が取れずに破綻してしまいました。

ホテル川久はバブル崩壊後、10分の1の値段の約30億円で買収されましたが、風貌は変わらない一方で現在はファミリー向けに手ごろな値段になっています（2019年現在）。

温泉を楽しんだあと、ウィーンのオペラハウスにもある1本1億円の24本の柱と、1512平米におよぶローマンモザイクが広がる超豪華なロビーを浴衣姿のまま散策できるホテルは世界広しといえども川久だけです。

館内クルーズもできますので、一度宿泊して往時をしのぶことをオススメします。

遠い将来、日本人はこのホテルを「バブル遺跡」と呼ぶのではないでしょうか。

「父は90年代初頭に建築設計事務所に入社しました。その頃の建物はおおむねデザインばかりが先行し、環境や耐久性などがおろそかになっていたそうです。たとえば商業的な建物であれば、目立てばよいと不必要なモニュメントがあったり、光熱費のことも考えないでガラス貼りの建物をつくったりしたそうです。その頃は施主の要望も『お金は出すから、とにかく目立つものをつくってほしい』などと無駄なものが多かったそうです」（女子）

「バブル期の建物はインパクトがあって、キラキラしていたり巨大だったりするため面白いと感じる半面、そこにかけている金額が大きすぎて『馬鹿だなあ』と正直思った。これでどうしてうまくいくと思ったのだろう」（男子）

「ホテル川久はあまりにももったいなさすぎる、無駄すぎると思った」（女子）

表3－1　1990年代前半に開園した主なテーマパーク
※2019年5月現在

1990年	肥前夢街道（佐賀）	2005年経営権譲渡。現在は株式会社マールのもと「佐賀元祖忍者村　肥前夢街道」として営業中
	スペースワールド（福岡）	2005年経営権譲渡。2018年1月閉園
	登別マリンパークニクス（北海道）	2001年経営権譲渡。現在は加森観光のもと営業中
	カナディアンワールド（北海道）	1997年閉園。現在は市営公園（2019年度末で閉鎖予定）
	よこはまコスモワールド（神奈川）	営業中
	東京セサミプレイス（東京）	2006年閉園
	サンリオ・ピューロランド（東京）	営業中
1991年	レオマワールド（香川）	2000年休園。現在は大江戸温泉物語グループのもと「レオマリゾート・NEWレオマワールド」として営業中
	ハーモニーランド（大分）	営業中
1992年	呉ポートピアランド（広島）	1998年閉園。現在は市民公園
	ハウステンボス（長崎）	2003年会社更生法適用申請。現在はエイチ・アイ・エスのもと営業中
	登別伊達時代村（北海道）	2004年親会社の撤退により、現在は株式会社登別伊達時代村により営業中
1993年	東武ワールドスクウェア（栃木）	2002年東武鉄道より子会社に譲渡。営業中
	伊勢戦国時代村（三重）	2004年親会社の撤退により、現在は共生バンクグループのもと「ともいきの国伊勢忍者キングダム」として営業中
	横浜・八景島シーパラダイス（神奈川）	営業中
	新潟ロシア村（新潟）	2004年閉園。その後、施設の処理が進まなかったことから廃墟化。心霊スポットとして話題に
1994年	新横浜ラーメン博物館（神奈川）	営業中
	志摩スペイン村パルケエスパーニャ（三重）	営業中
	ポルトヨーロッパ（和歌山）	営業中

また、90年代前半には、日本各地で数多くのテーマパークやリゾート施設が開園しています。表3-1にあるように2019年現在、それらはもはや存在しないか、当時の経営陣が撤退したものが大半を占めます。

リゾート施設では93年にリゾート法の第一号指定で、世界最大の室内ウォーターパークとしてギネスに登録された「オーシャンドーム」をもつ「宮崎シーガイア」や、同じく当時世界最大の屋内スキー場であった千葉県船橋市の「ザウス」などがオープンして話題を呼びました。宮崎シーガイアは宮崎県・宮崎市出資の第3セクター方式による巨大プロジェクトでしたが、2001年には負債総額3261億円を抱えて破綻、オーシャンドームは解体されました。のち、セガサミーホールディングスにより「フェニックス・シーガイア・リゾート」として再建されています。ザウスも2002年に閉館して04年に解体されました。

3　イトマン、尾上縫、「損失補填」

1991年も後半になると株価が動揺します。8月、ソ連でクーデターがおこって日経平均は2万1000円台にまで急落しました。クーデターそのものは失敗に終わりましたが、これをきっかけとしてソ連は年末に解体・消滅することになります。

また、バブルの崩壊は、社会的な信頼が高かった銀行の闇の部分を明るみにしていきました。中堅商社を通じ、絵画取引やゴルフ場開発などの名目で大手銀行から融資された３０００億円ほどが裏社会に消えた「イトマン事件」は、戦後最大の経済スキャンダルとなりました。

バブル期、金融機関は、土地開発などをめぐって地上げ屋などをまとめる暴力団などとの結びつきを強くしました。本来すべきでない巨額融資の多くは、返済される見込みがないままバブル崩壊後の金融機関を苦しめることになります。この事件は、大銀行がそうした組織とのつながりがあることを明るみにしました。

また、個人の犯罪でもバブルならではの事件がおこります。

大阪で、尾上縫《おのうえぬい》という料亭の女将が巨額詐欺事件で逮捕されました。バブルの頃、株価を占うことで「天才相場師」とよばれた彼女が金融機関から借り入れた総額は、延べ２兆７０００億円に上ったといわれます。もはや国家予算の規模です。

バブル崩壊とともに資金繰りに窮するようになった彼女は、あちこちの金融機関をだましてお金を借りまくります。負債総額は個人としては日本史上最高の４３００億円で、信用組合をひとつ破綻に追い込みました。

この事件は、のちに裁判で日本興業銀行という大銀行が、彼女を食い物にして無理な取引をさせていたことも判明しました。[1]この銀行もバブル崩壊後の合併で消え去って、現在では存在しません。

表３－２　バブル崩壊期の世相と経済動向

	新語・流行語大賞（入賞）	日経ヒット商品番付	実質経済成長率
1991(平成3)年	「損失補填」	「値ごろ衣料品」（大関） （両横綱は該当なし）	3.4%
1992(平成4)年	「複合不況」	中公新書『複合不況』 （横綱）	0.8%
1993(平成5)年	「清貧」 「お立ち台」	「ジュリアナ現象」 （小結）	-0.5%
1994(平成6)年	「就職氷河期」 「価格破壊」	「低価格 PB コーラ」（横綱） 「携帯電話」（関脇）	1.0%
1995(平成7)年	「インターネット」	「Windows95 日本語版」 （横綱） 「携帯電話」（大関）	2.7%
1996(平成8)年	「援助交際」	「激安携帯電話・PHS」 （横綱）	3.1%

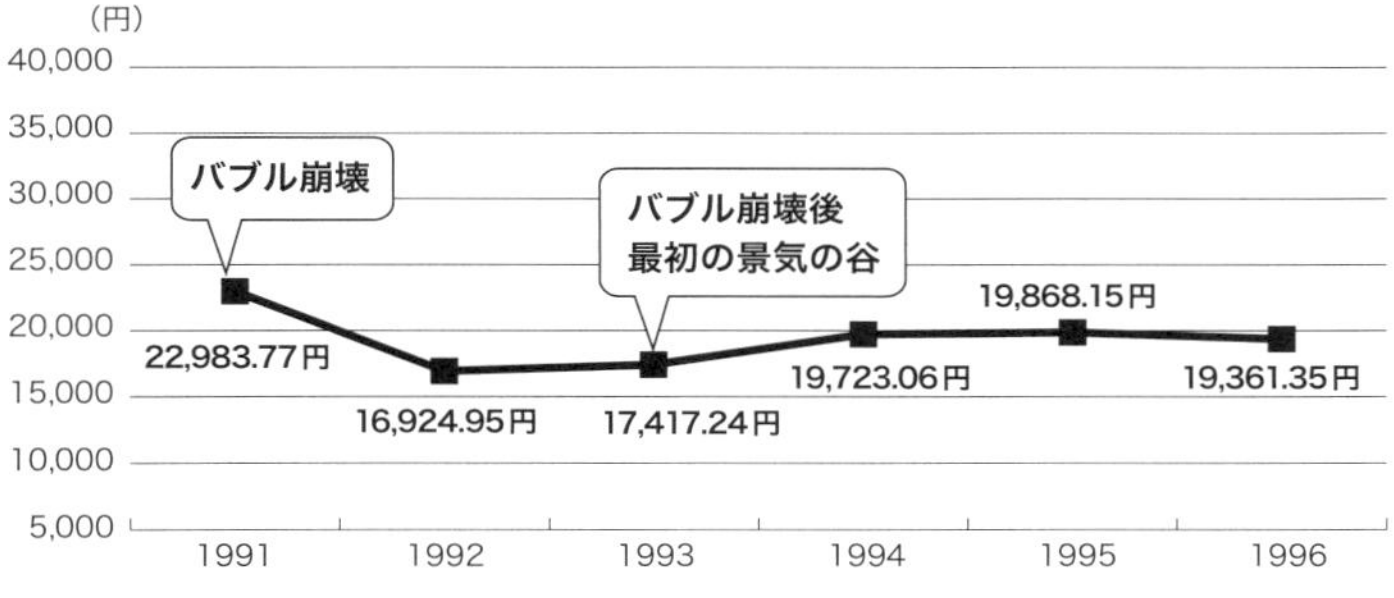

日経平均大納会終値の推移

「母の中で一番印象に残っているのが、尾上縫の事件らしい。当時、彼女に貸し付けていた金融機関が母の職場だったからだ。大勢の取材陣が押し寄せ、対応に追われて大変だったと言っていた」（男子）

さらに証券会社の不祥事も発覚します。株価下落で損をした大口顧客への穴埋めが裏でおこなわれており、「損失補填」が流行語となりました。

こうして不況の影はしだいに色濃くなってきました。91年のヒット商品番付は、東西の両横綱が1971年以来の「該当なし」になりました。大関には高品質を保ちながらこれまでに比べて価格を1～2割程度抑えた「値ごろ衣料品」が選ばれるなど、前年までの豪華さが消えました。

この年をピークに大都市圏での地価は下落に転じます。

4　低成長の始まり

1992年2月の月例経済報告では、景気の分析から「拡大」の文字が消え、ここに事実上の政府による景気後退宣言が出されました。本格的な不況の始まりです。

この年、株価の下落がさらに進みました。前年末を受けて2万3000円台から始まった日経平均は、8月に1万5000円を割り込んで、バブル前の86年3月頃の水準に戻りました。これに危機感をおぼえた政府は、自ら株価を買い支えようとします。国際連合平和維持活動になぞらえてPKO（プライス・キーピング・オペレーション）と呼ばれたこの政策によって株価は一時的に回復したものの、正常な価格形成を歪ませるとして批判の声も上がりました。

92年から93年にかけての成長率は、1％を下回りました。これはオイルショックの影響を受けた1974年いらいのことでした。75年以降は平均4％ほどの成長でしたから、その4分の1以下に落ち込んだわけです。

成長率は高ければいいというものではありませんが、高いほうが経済活動が活発になってビジネスチャンスが広がります。そうした経済成長の果実を得てきたのが戦後の日本でした。

私の父親はたたき上げの職人だったと言いましたが、高度成長期には「仕事の依頼が面白いように殺到して大卒のサラリーマンなんかよりずっと儲けていた」と胸を張っていました。学歴はなかった父ですが、経済成長の波に乗れたことが追い風になったのでしょう。彼に限らず成長率が高い時代は、たとえ学歴は低くても収入では逆転できる可能性が高かったと言えるでしょう。

戦後の日本は「一億総中流」と呼ばれる社会を実現しましたが、ある意味で格差をかなり是正していたのかもしれません。

バブル景気最後の年となった91年は3・4%でしたが、この翌年以降平成が終わるまで成長率がこの水準に回復した年はほとんどありません。この低成長の時代はのちに「失われた20年」と呼ばれるようになります。この言葉は、不況により本来あるべき経済成長がほとんどなかった平成経済の代名詞となりました。

こうしたなか、京都大学名誉教授だった宮崎義一の『複合不況――ポスト・バブルの処方箋を求めて』(中公新書、1992年)がベストセラーになりました。まだ名称も定まっていなかった新たな不況を「複合不況」と呼んで、従来の景気対策では期待できないとしたこの本は、92年のヒット商品番付横綱とあわせて流行語大賞にも入賞(表現部門金賞)しました。

売り手市場であった就職戦線も変化します。大学生の就職率は91年卒の81・3%をピークに低下し始め、92年に就職活動をおこなった学生では76・2%とバブル前の1981年の水準にまで戻りました。1年前と様子が一変した就職戦線を、92年の新聞記事から読んでみましょう。

狭き門抜け、学生「ホッ」 企業の採用内定が解禁

景気後退のあおりで、採用を大幅に減らす企業が相次いだ今年は、「超売り手市場」から一転、特に女子学生にとっては厳しい就職戦線となっている。「狭き門」をくぐり抜けて、この日内定書を受け取った学生らは、一様にほっとした表情を見せていた。

(朝日新聞1992年10月1日)

どうですか？　バブルの頃の明るさはなくなりましたよね。

5　不況の深刻化と「就職氷河期」

ところで、「リストラされる」というのは、今は「会社をクビになる」という意味で使われますね。ただ、もともとは英語の「リストラクチャリングRestructuring」の略語で「再構築」を意味しました。不況が始まると、利益につながらない部門や必要以上に多い社員は企業にとって重荷になります。そこで事業を再構築する、つまり余剰人員をカットすることになり、この頃から「解雇」の意味で使用され始めます。

バブル崩壊後、最初の不況の谷にあたるのが１９９３年です。[2] 不況色が鮮明になる中で、シンプルな生き方を提唱した中野孝次『清貧の思想』（草思社、１９９２年）がベストセラーになります。バブルの頃の拝金主義に対して、この本が説いた「清貧」が人々の心をとらえ、流行語になりました。

不況の影響を受けた94年はさらに就職がきびしくなり、「就職氷河期」という言葉が登場しました。

就職氷河期はこのあと10年以上にわたってつづきますが、この頃に社会に出た１９７０年代から80年代初頭に生まれた人たちは「氷河期世代」と呼ばれて、その上のバブル世代とは対照的な就職を経験することになります。

もちろんバブル世代やその上の世代も環境の変化に戸惑いました。

「両親は『当時入社するときには、会社のえらい人がちやほやしてくれて、楽しく就職活動ができたけど、バブルが崩壊すると一転して、急にはしごを外された気分になった』と言っていた」（女子）

「祖父がバブルの崩壊を一番実感したのは、リストラだったそうです。『今まで一緒に会社で働いていた同僚が、ある日突然いなくなる怖さは言葉では言い表せない』と言っていました。当時、祖父はマンションに住んでいたのですが、次々とリストラされた人が引っ越ししていったそうです。『バブルのときはこれがバブルだなんて疑いもしなかったけれど、終わってみてから「これはバブルだったんだな」と感じたよ』と語っていました」（女子）

私自身、バブル末期と就職氷河期初期の2回、就職活動を経験しました。

バブルの時には今でも有名な一流企業に内定をもらいました。内定式のあと、うな重をごちそうになったのを憶えています。大阪から東京までの交通費は会社が払ってくれました。今から思えば、私もバブルの恩恵を受けた一人でした。

愛読者カード

このたびは小社の本をお買い上げ頂き、ありがとうございます。今後の企画の参考とさせて頂きますのでお手数ですが、ご記入の上お送り下さい。

書 名

本書についてのご感想をお聞かせ下さい。また、今後の出版物についてのご意見などを、お寄せ下さい。

◎購読注文書◎

ご注文日　　年　　月　　日

書　　名	冊　数

代金は本の発送の際、振替用紙を同封いたしますので、それでお支払い下さい。
（2冊以上送料無料）

なおご注文は　FAX　03-3239-8272　または
メール　info@kadensha.net
でも受け付けております。

郵 便 は が き

料金受取人払郵便

神田局
承認

5111

差出有効期間
2020年11月
30日まで

101－8791

507

東京都千代田区西神田
2-5-11出版輸送ビル2F

㈱花 伝 社 行

お名前《ふりがな》 お電話
ご住所（〒　　　　　　　） （送り先）

◎新しい読者をご紹介ください。

お名前《ふりがな》 お電話
ご住所（〒　　　　　　　） （送り先）

その数年後、社会が一変していることに衝撃を受けました。あれほど簡単だった内定は、1社も出ませんでした。そのとき、私は経済が与える影響の大きさを痛感しました。その後、私は教師になるわけですが、あのとき感じた危機感は私の社会人としての原点になっています。

21世紀の日本経済は物価が下がるデフレーション（デフレ）が定着していますが、20世紀後半はむしろインフレーション（インフレ）の時代でした。その境目は1990年代後半あたりなのですが、この頃から値段を下げてでも商品を売ろうとする傾向が出始めます。94年のヒット商品番付では国産メーカーの半額以下に値段をおさえた「低価格ＰＢ（プライベートブランド）コーラ」が横綱となり、流行語大賞では、「価格破壊」がトップテンに選ばれました。

6　不況の中の不安定な政治

地価が大幅に下がったことは、多方面に大きな影響を与えました。バブルの頃に高い価格で買い占めた土地は売るに売れず、地価の回復を待つため塩漬けになっていきました。

好景気と同じように、不況もまた街の雰囲気を変えていきます。この頃、地価回復までの土地の有効活用として増えだしたのが、今はどこにでもあるコインパーキングです。また、あれほど捕まりにくかったタクシーも空車の列が目立つようになりました。

土地の値上がりを前提に組まれていた融資は、返済のあてがなくなりました。借金が返せなくなった人は身の破滅でしょう。夜逃げでもするしかないかもしれません。

でも、もっと深刻な問題があります。それは借りた側よりも貸し手にありました。値上がりを前提にいい加減な査定をした担保では、貸した金額には到底届きません。それほど巨額の融資がほとんどの銀行で組まれていたのです。

「借りたお金は利子をつけて返す」。小学生でも分かる理屈です。バブル崩壊後は、これが社会全体で果たせなくなっていきます。このことは銀行を追い込んでいくことになりました。

貸したのに返ってくる見込みのないお金を「不良債権」と言います。90年代後半は、不良債権が膨れあがることによって経営破綻に追い込まれる金融機関が続出します。

ただ、90年代前半は「いずれ景気が回復すれば、地価や株価も再び上がって不良債権もたいした問題でなくなる」という空気が強く、問題は先送りされました。

それよりも、リクルート事件いらいの政治不信が頂点に達しようとしていました。

91年に海部内閣が退陣すると「宮澤派」のリーダーであった宮澤喜一が自民党総裁になって首相に就任しましたが、ここで政治不信が爆発します。政治改革をめぐって自民党が分裂、このとき離れた羽田孜《はたつとむ》、小沢一郎らのグループが野党に同調したことで、93年6月に内閣不信任案が可決してしまいます。その後、このグループは新生党を旗上げして反自民勢力の結集に動きます。

これを受けた衆議院総選挙で誕生したのが、日本新党代表の細川護熙《もりひろ》を首相として新生党・

社会党など非自民の8党派が参加した連立政権でした。1955年の結党いらいつづいた「55年体制」と呼ばれる自民党の長期政権は、ここに終わります。

支持率が70%を超えて国民的な期待を背負った細川内閣でしたが、首相本人の献金疑惑が発覚し、わずか1年足らずで退陣に追い込まれました。

次いで副総理であった新生党党首の羽田孜が首相となりますが、政権内部の対立から最大勢力であった社会党が離脱します。与党が過半数を割り込んだ羽田内閣は、野党が提出した内閣不信任案を否決する力はありませんでした。総辞職を選んだ羽田内閣はわずか64日で退陣し、現行憲法下で最短の政権となりました。

かわって94年6月、自民党が他党と連立を組んで政権復帰を果たします。ここで首相となったのは自民党の総裁でなく、社会党委員長の村山富市《とみいち》でした。政権奪還のため、自民党は禁じ手とも言うべき「55年体制」では対立関係にあった社会党と連立を組んだのです。

このように93年から94年にかけては、不況の中で不安定な政権が相次ぎました。政治も、不良債権問題には四苦八苦していました。

本格的な不況に突入した時期、当時の宮澤喜一首相は公的資金、つまり税金を金融機関に投入して不良債権を処理することに言及しましたが、内外の反対により先送りする形で実現しませんでした。[3] 不良債権問題の解決には、のちに巨額の公的資金がつぎ込まれることになります。ただ、この段階では、一企業にすぎない銀行の損失を国民の血税で穴埋めすることに政府内外で抵抗が大きかったのです。

7　なぜか「バブルの象徴」となったジュリアナ東京

ここであらためて尋ねますが、君たちの「バブル期のイメージ」を教えてください。

「バブル期は日本がすごくお金を持っていて、ファーコートを着たり、クラブに行って踊っている映像をテレビで見て、国民全員が楽しそうな印象があります」（女子）

「バブル期のイメージはキラキラしたアフロのおばさんです。私も一緒にクラブで踊ってみたいです」（女子）

「今は不景気でイライラして元気がない日本人が、当時は扇子をぶんぶん振り回して楽しそうに笑いながら踊っているイメージがあります。もしタイムスリップできるなら絶対バブル期がいいです」（女子）

ほとんどの人がそうしたイメージを持っていますね。「キラキラ」というのは、ミラーボールのことでしょうか？　誰か当時の話を聞いてきた人はいますか？

「『景気が良くて、使っても使ってもお金があふれててんで。みんな豊かでお金をいっぱい使っててん。みんな元気やったなあ』。母はそう言っていました。学生だった母は毎日ディスコに行っていたそうです」（女子）

「僕は『ディスコ』を知らなかったので、それは何かと尋ねました。すると母は『ジェネレーションギャップやな』と苦笑いしながら、『ディスコは今で言うクラブに近いものよ。ある部屋に集まってたくさんの人で踊って騒ぐの』。父は間を割くように言いました。『バブルの時はみんながどんちゃん騒ぎをようしとったなあ』と昔を懐かしむように話してきました」（男子）

お母さんがおっしゃるように、当時は「ディスコ」と呼ばれていました。ボディコンに身を包んだ若い女性が扇子を振り回して、お立ち台で踊っているイメージですよね。メディアではほとんどの場合、東京・芝浦にあったディスコ・ジュリアナ東京の映像が使われています。君たちが抱くバブルのイメージはほとんどこれです。

多くの人がバブルの象徴と思っているあの光景ですが、実はバブル崩壊後のものなのです。ジュリアナ東京はバブル景気が終わった１９９１年5月にオープンしました。社会現象ともいうべきブームがおこったのは不況が深刻になった93年のことです。流行語大賞で「お立ち台」が大衆語部門・銅賞を、ヒット商品番付で「ジュリアナ現象」が小結に選ばれましたが、翌94年８月には閉店しています。

©バブル経済（1986年12月〜1991年2月）

◀⑧ディスコでおどる若者たち　土地や株価《かぶか》が異常に値上がりし，実態とかけはなれたバブル（あわ）のように経済がふくらみました。その結果，日本国内は異常な好景気になりました。高い給料を手にした人たちが，競ってブランド品を購入《こうにゅう》したり，高級食材の料理を味わったりすることがブームになりました。写真は1994年のものです。　（時事通信社提供）

出典：『アドバンス中学歴史資料』（帝国書院）より

中学生用教材でもディスコはバブルの象徴と位置付けられている

　このように、ジュリアナ東京は計画や構想こそバブル期の産物であるものの、流行そのものはバブル期ではなく、むしろ不況下の産物であるといえます。にもかかわらず、バブル期のものとして認識されていることは珍しくありません。

　教科書会社である帝国書院の中学社会用歴史資料集でも、「バブル経済」の説明として「ディスコで踊る若者たち」と題する写真を掲載しています。

　この部分が奇妙なのは、バブル景気の説明にわざわざ「写真は１９９４年のものです。」と断ってバブル崩壊後の写真を掲載している点です。掲載写真がどこなのかは明記されていませんが、同社に問い合わせたところ94年8月のジュリアナ東京閉店時の写真を使用したとのことです。編集担当者の回答によれば、ジュリアナ・ブームをもってバブル期の様子を表現したかったということです。

　たしかに当時のディスコ・ブームの頂点にジュリアナ

東京が位置づけられ、あわせて皆がバブルに浮かれた様子が表現しやすいことから、この写真を使用した意図は理解できなくもありません。

この出版社に限らず、ジュリアナの流行をバブルの象徴とする傾向は早くから見られます。閉店翌年の1995年の朝日新聞では、すでに「バブル景気」の解説に「ジュリアナ現象」が登場しており、[4]さらに2002年の読売新聞では、当時の新入社員が聞いたことがある「小学生だったバブル期当時の代表的な社会現象」は「地上げの横行」（56・1％）をおさえて「ジュリアナ現象」（83・4％）がトップとなっています。[5]つまり、不況下においてブームがおこったジュリアナは1年ほどでバブルの象徴としての地位を獲得し、21世紀初頭にはそうしたイメージが定着していたことになります。

バブル期を通じてディスコ・ブームがあったことはたしかなのですが、バブル崩壊後の流行であるジュリアナ東京が、なぜこれほどまでに「時代の象徴」として語られるのでしょうか。このことこそ、バブルとその崩壊の本質を表していると言えます。つまり、バブルは泡が弾けるように、ある日一瞬にしてパチンと崩壊したわけではなかったのです。

株価は89年、地価は91年頃をピークに下落に転じますが、事実上の景気後退宣言が出されるのは92年2月になってからのことで、ジュリアナ開業の91年の時点ではバブル崩壊が実体経済に影響を与えることは少ないと見られていました。

日経平均も92年8月に1万5000円を割り込んだ後は、上昇に転じます。ジュリアナ・

ブームがおこった93年から94年にかけては一時2万1000円を超すこともありました

つまり、危機が表面化するまで数年のタイムラグがあったのです。90年代前半は、たしかに景気は悪化していましたが、「いずれ景気は回復する」という見方が一般的でした。そうしたことを聞いていた人もいるでしょう。

「父は『バブルが崩壊したときは、まさか不況がこんなに長く続くなんて誰も想像していなかった』と話していました。不況は今ほど深刻ではなく、すぐに回復するだろうという雰囲気があって、社会の雰囲気も今ほど暗くなかったと言っていました。自分の友だちが失業したり、生活に困ったりしている様子を見ることになるとは思っていなかったようです」（女子）

「父の会社では『新規事業開拓』という名目のもと、本業とは無関係な新会社をたくさん設立したそうです。とにかくお金がたくさん余っていたので、投資を積極的におこなっていました。91年頃までは『この派手な生活や状況が永遠に続くものだ、とみんなが信じていた時代だった』と父は言いました」（女子）

先に述べたように、93年末からは景気が好転し始め、翌94年には明るさがみられるようになります。あわせて90年代前半は、バブル期に生まれた構想が次々と実体化していきます。ジュリアナもその一つでした。

今から見れば、90年代前半は問題が先送りされていただけでしたが、当時は「不況はこれまで日本経済が経験してきた景気循環のひとつにすぎない。いずれ景気は回復する」という楽観論が一般的でした。バブル的な思考はまだ継続していたのです。

そうしたことが、本来バブルの「残り香」であるはずのジュリアナ東京を、記憶の中で「象徴」へと押し上げたと考えられます。

93〜94年の楽観的な空気は当時の新聞記事にも見ることが出来ます。

バブル期の豪華な夢をもう一度　94年のクリスマス

イブの夜は、彼女とシティーホテルのスイートルームで——１９８０年代後半、若者たちはバブルなクリスマスで豪華さを競った。ところが、不況が深刻化するとともに「家庭回帰」が強まり、ホテルは空き室が目立った。景気回復の声が聞こえ始めた今年、街のクリスマス前哨戦を追ってみたら、そのバブル期のマニュアルが再び息を吹き返していた。

北区のロイヤルホテルには、１泊４万４千円から９万円のスイートルームが約50室ある。去年のイブは当日でも３割近い空き室があったが、今年は10月中旬までに全室が予約でいっぱいになった。「９月の中間決算では４期ぶりに増収増益になった。イブが土曜日という利点もあるが、景気が上向いているのも確か。今年のクリスマスは久しぶりににぎやかになりそう」（営業企画室）

去年は12月すぎまで空き室があったという中央区のホテルニューオータニ大阪。イブについては今月10日ごろに全室が予約で埋まった。１泊６万円のスイートルームも32部屋がすべて満室だという。

（朝日新聞１９９４年11月30日、大阪）

この時期、リサーチ・アンド・ディベロプメント社が首都圏に住む男女３０００人を対象におこなった調査によれば、「国全体の景気は今後1年間に今よりも良くなると思う」と答えた人の割合は、90年代初頭に20％近くに低迷していたものが、94年には60％近くにまで増えて「悪くなると思う」を逆転しています。[6]

授業4

危機の表面化　1995（平成7）年〜2001（平成13）年

8　瓦解する「戦後日本の常識」

終戦から50年目にあたる1995年は、戦後日本の転換点ともいうべき年です。

1月に阪神・淡路大震災、3月には地下鉄サリン事件がおこって災害・犯罪の両面から社会の安全神話が覆りました。そして、先送りしてきた不良債権問題がいよいよ表面化するようになります。

戦後の銀行は、大蔵省の強い指導のもとに一行の破綻も出さない「護送船団方式」がとられて、「絶対つぶれない」のが当たり前でした。銀行マンの社会的信用は絶大で、お見合い相手としては最適といわれたものです。

バブル崩壊によって発生した巨額の不良債権が、こうした常識を呑みこんでいきます。

前年にはすでに東京協和信用組合と安全信用組合が破綻していましたが、この年の8月、兵庫銀行が戦後の銀行として初めて経営破綻に追い込まれました。バブル期の土地や株への投資が焦げ付いて、1兆5000億円もの不良債権が発生したのが原因でした。
ところで、銀行がつぶれると何がおきると思いますか？

「預けていたお金がなくなる？」

みんなそれを考えますよね。だから、そうなる前に自分のお金は安全なところに移そうとします。だから、破綻した銀行の前には預金者の行列ができることになります。

これがもう一段階すすむとさらなる疑心暗鬼がおきます。「ほかにも破綻する銀行が出るんじゃないか」という不安です。

世の中全体が不安定なときには、根も葉もないデマも流れます。経営不安の噂が流れようものなら、その銀行の窓口には自分のお金を引き出そうと預金者が押し寄せてきます。これが連鎖的におこると、短期間にあちこちで預金が引き出されて銀行全体が機能不全におちいります。

これを「取り付け騒ぎ」と言い、戦前の金融恐慌でおこった反省から、先の護送船団方式がとられたわけです。

この年、破綻した大阪の木津信用組合に預金者が次々と押しよせた当時のニュースを見てみましょう。

「銀行がつぶれたことは聞いたことはあったが、あそこまでひどいものだとは思わなかった。銀行が破綻すると、多くの人が押し寄せて来ることに驚いた」（男子）

政府と日本銀行は国民の預金を守ることを呼びかけましたが、それでも不安はくすぶりつづけました。ほかにも大きな変化がおこります。

私を含む当時の若者が「将来は何とかなる」と無邪気に思えたのは、経済成長に加えて先進国の中でも日本の失業率が低かったことにあります。その気になれば何をしてでも食べていけるし、当時の日本は貧困とは無縁の国だと考えられていました。

男性はサラリーマンであれば正社員、女性は結婚したら寿退社、その後は専業主婦が当然と考えられていました。むしろそうした人生はつまらないものと考えて、あえてフリーターを選ぶ若者に共感する風潮すらありました。

そうした安定した雇用が崩れ始めるのもこの年です。オイルショック後、長らく2％台だった完全失業率が3％を超えました。

為替相場でも急激な円高がすすみます。4月に79円75銭と当時の史上最高値を記録しました。円高は輸出にたよる日本経済を直撃しますから、日経平均も急落して6月には92年以来の1万5000円を割り込みます。

日本経済は護送船団方式の動揺、3％を超えた完全失業率、史上最高の円高、株価の急落…

…とプラザ合意やブラックマンデーでも考えられなかった状況に追い込まれていきます。

これに対して公定歩合は史上最低の0・5％に引き下げられました。バブル期の2・5％を大幅に下回る低金利を作り出して、ふたたびお金を借りやすい状態を作り出そうということです。さすがにバブルの再燃はありませんでしたが、政府の経済対策もあって下半期には景気に明るさが見え始めます。

この頃、生活に大きな変化が現れ始めました。

ヒット商品番付の横綱は「Windows 95 日本語版」、そして流行語大賞トップテン入賞の「インターネット」。こうした情報通信技術が一般に広まり始めるのがこの年で、1995年は日本の「インターネット元年」と呼ばれます。

この背景にはアメリカ経済の復活がありました。かつてジャパン・マネーに席巻されたアメリカでしたが、90年代に入るとバブル崩壊に迷走する日本を尻目に、IT技術などを武器に再び勢いを取り戻しました。その象徴こそがWindowsだったのです。

冷戦の終結とインターネットの発展によって、このあと世界は急速につながるようになります。中国もこの頃には年10％前後という高い経済成長をとげていました。日本経済が活気づいていた1980年代とは、世界経済のルールが変わり始めていたのです。

携帯電話がヒット商品となったのもこの年です。よく知られている初期のでっかいケータイが登場したのはバブルの頃でしたが、一般に普及しはじめるのは90年代後半のことです。普及率はこの年に10%を超え、その後急激に伸びて1998年には50%を上回りました。[7]

ただし、まだこの段階ではネットにはつながっていません。ケータイがネットにつながるのはNTTドコモが「iモード」サービスを開始した1999年のことです。

「伯母はシステムエンジニアでした。当時、企業のシステム開発予算は無制限で、人手不足から女性でも連日のように電車がなくなるまで仕事していました。残業はつけ放題、移動は常にタクシー、社員が高級レストランで食事した時も当然のように会社に出してもらっていました。そして、今から思えば、ウソみたいに高い給料をもらっていました。業界内で引き抜きも横行し、スキルの高い人は転職したら給料が倍になる人もいました。永遠にこの状態が続くのではないかと皆が錯覚していました。ところがバブル崩壊後、仕事は一気に減少しました。

同じ時期に大型のオフィスコンピュータの時代が終わり、小型のパーソナルコンピュータが主役となりました。それまでの大型コンピュータで使っていたプログラム言語は、パソコンには使えません。ベテランでスキルの高かった人も、新しい言語では新人と同じで、給料の高いベテランからリストラされていきました。

『時代が変わったり、新しい技術が開発されたりすると、それまで身に付けた知識や経験が通用しなくなる時がある。時代の変化に合わせて、常に自分を磨き続ける意識をもつことが大切だ』と言われました」（男子）

9　始まりにすぎなかった「6850億円」

1996年の初め、退陣した村山首相を引き継いだのが自民党総裁の橋本龍太郎でした。社会党などとの連立政権とはいえ、3年ぶりに自民党の総理大臣が誕生しました。しかも橋本首相は竹下派の流れを汲む最大派閥の出身だったため、長期政権が期待されました。

この年の成長率は91年以来の3％台で、日経平均も2万2000円台を回復しました。この年の株価はバブル崩壊後では高い方なのですが、その後この水準を回復できたのは20年以上あとの2017年のことです。

橋本内閣では「金融ビッグバン」と呼ばれる銀行・証券制度の改革もすすめられ、97年には流行語大賞トップテンにも選ばれました。これにより、金融業界をしばっていた規制が緩和され、今ではあたり前のコンビニATMやネットバンクなどが登場するきっかけとなります。

この頃、かつて銀行が中心になってつくった個人の住宅ローンを貸し出す会社がおこなっていた過剰な融資が問題となりました。これを住専（住宅金融専門会社）と言いますが、バブル崩壊の影響を受けて住専7社で6兆円以上の不良債権が発生していることが明らかとなったのです。

住専は銀行が相手にしないような、あやしげな会社の不動産取引にたくさん融資していましたが、その大半が返済される見込みがありませんでした。

おまけに住専は農協などの農林系金融機関とともに、90年3月に出された不動産融資総量規制の対象外でした。そのため農林系金融機関から住専に大量の資金が貸し付けられて、それが不動産取引に貸し出されていました。

これをそのままにしておくと、住専に貸していたお金が焦げ付いて日本の金融のしくみ全体に影響が出かねないというので、公的資金によって損失の穴埋めをすることになりました。

ただ、バブルの頃、後先を考えず貸してきたのは、一民間企業である住専だったはずです。その尻拭いをどうして国民の税金でやらなければならないのかと国会が紛糾しました。また、住専各社が大蔵官僚の「天下り」先だったことも国民からの批判を浴びました。これを「住専国会」といいますが、最終的には6850億円を投入することで処理されます。

のちに、金融機関の不良債権処理には「兆」の単位、文字通りケタ違いの公的資金が投入されることになりますが、これはその始まりにすぎませんでした。

10　金融危機の発生

1997年正月、朝日新聞の読者欄には1966年生まれの読者の不安が寄せられています。私たちバブル世代の間にも不安が広がり始めていました。

ふわふわ感ももう終わりか　わが世代

私の生まれた年はビートルズが武道館コンサートをした年、そして丙午（ひのえうま）だったので出生数が少なくて、入学、受験、成人式と、なにかと話題に挙げられる世代だった。高校のころは現代社会という授業が新しく加えられた。共通一次も新しい方法で受験した。きりがよかったみたいで、新しい試みがよくみられた。バブルにもうまく乗って就職も楽だった。

そんな感じでいつもふわふわしていてつかみどころがない世代である。そんなわが世代もバブル崩壊とともに、まずいことになる。

今までの夢のようなふわふわ感がはじけてしまったのである。みんなでふわふわとはいかない。雲の上を飛んでいた私たちは地上に降りてしまったのである。そこからまた新たな一歩をふみ出さなければいけない。（以下略）

（朝日新聞１９９７年1月5日）

この不安は的中することになります。

バブル崩壊後に発生した天文学的な額の不良債権は、景気が回復するまで先送りされてきました。少なくとも、90年代前半くらいまではそうした判断が合理的と考えられていました。不良債権の問題を本気で解決しようとすると、「なんでそんな無茶な融資をしたんだ！」ということになり、担当者やそれを指示した上司の責任追及は避けられません。バブル当時はそんな融資が当たり前でしたから、銀行経営者の責任、もっといえばそれを許していた大蔵省の責任にもつながりかねませんでした。

だからこそ「そのうち景気が戻れば、地価や株価も上がるだろう」というのが一番穏やかな解決方法でした。そうすれば、誰も責任をとることなくすむのです。

この壮大な無責任の連鎖のもと、景気の悪化と地価・株価の下落がさらにすすみます。さらに返済を先延ばしにすればするほど金利分も膨れあがっていきます。こうして不良債権はガン細胞のようにほとんどの金融機関を蝕んでいきました。

長引く不況に対して、政府はたびたび景気対策をおこないました。簡単に言うと「みんながモノを買う力」を強くするため、政府がドカンとお金を使って仕事を増やしてあげるのです。これを財政出動といい、みんなの手持ちのお金が増える循環をつくるのです。

例えば、開発を進めてダムや道路、橋などをつくって人を多く雇うなどの公共事業があげられます。減税でも手持ちのお金が増えますので、同様の効果が期待できます。このように、国が財政の力で景気に影響をあたえることを財政政策といいます。

ただ、これはやりすぎると国の財政を悪化させていきます。君たちが勉強したことのある「国の借金」が問題となるのはこの頃のことです。

1991～93年度にかけて赤字国債は発行されていなかったのですが、バブル崩壊後は毎年のように十数兆円の景気対策が組まれるようになりました。90年代中頃の国の歳出総額は70〜80兆円ほどですから、その大きさがわかるかと思います。

これによって財政は急速に悪化し、村山内閣時代の1995年には「財政危機宣言」が出されました。これが、現在につながる「国の借金」の始まりです。

財政再建をめざした橋本内閣は赤字国債の発行を抑える一方で、97年4月に消費税率を3％から5％に引き上げました。未来の子どもたち、つまり君たちに借金を残さないため増税に踏み切ったのです。

一見、まともそうに見えるこの政策が、日本経済を地獄に引きずり込むことになります。

先ほど「減税は景気対策に効果がある」と言いましたが、「増税」はその逆です。2％の消費増税は国民生活に大きな影響を与えました。

「たった2％」と言うかもしれませんが、「されど2％」です。100円の買い物では2円違うだけですが、200万円の車では4万円高くなりますね。3000万円の家では60万円、企業が億単位で買い物するときなどはバカにならない金額が税金にとられていきます。

つまり、大きな買い物であればあるほど、増税前には「駆け込み需要」というのがおきやすく、増税後はその反動がおこって売れなくなるのです。

増税後、景気は急速に悪化していきました。あわせて7月にはタイをはじめとしてアジア各国で通貨や株価が大暴落したアジア通貨危機もおこり、日本経済をとりまく環境は不安定になっていきました。

そして秋、ついにバブル崩壊以来先送りされてきた不良債権問題が爆発します。11月3日、三洋証券が破綻して証券会社として戦後初めての倒産となりました。次いで17日には北海道拓殖銀行が全国規模の営業をおこなっている銀行として初めて破綻、そして24日には「四大証券」の一角とよばれた山一證券が自主廃業に追い込まれました。

山一證券の野澤正平社長は、記者会見の席上次のように叫んで号泣しました。

「みんな私らが悪いんであって、社員は悪くありませんから！」

バブルの頃、花形であった大手証券会社の消滅は、多くの日本人に衝撃を与えました。大げさな言い方かも知れませんが、山一證券の廃業はバブルに踊った日本人の敗戦のように受け止められたのです。

「今の時代、大手の証券会社に入れたら、人生勝ったようなもんだぞ」

大学時代に先輩からそう教わって8年後のことでした。バブル当時はまさかこんなことが起こるとは、思ってもみませんでした。日本の何かが変わったのを肌で感じました。

社員の多くは当日のニュースで初めて自主廃業を知らされたといいます。前の週まで店頭で自社の株をお客さんに売っていた人、新婚旅行先で知った人などもいたようです。

あれから20年以上が経ち、私と同じバブル世代で山一證券社員だった方がこの授業のために手記を送ってくださいました。その一部を紹介します。

11月24日、全社員が出社し、サテライト放送を通じて自主廃業するということ、今後どういう業務をしなければいけないかなどの話を聞かされました。話している人が誰かはわかりませんが、時折泣いているようでした。

私は最後まで観る気もせず上司に断って会社を出ました。私だけが会社から出てきたので、テレビ局の人たちに追いかけられて色々聞かれましたが、何しろ全部聞いていないので適当に答えたのを覚えています。

25日以降は顧客が殺到し、男性社員はそれを整理するため順番待ちの列を整備したり、怒鳴り散らす顧客にひたすら頭を下げるために店頭に出ていました。中には興奮した顧客に殴られたりした人もいますし、店頭の女性でもビンタされたりした子がいたようです。会社の外では、他の証券会社の人間が、山一の店頭に来た顧客を取り込むために立っていました。数日間はそんな状況で、仕事が終わるとみんなで泣いていたそうです。

山一證券の廃業はバブル崩壊を象徴する出来事として今でも語り継がれ、日本史の教科書にも載せられています。

「母は山一證券がつぶれたときに『日本も終わりだな』と感じたそうです。次々にこのような

大企業が倒産していくのを見て、日本はこの先どうなるのかと思っていたし、どのような影響が自分の職場に及んでくるのかということを考えたら恐ろしくなったそうです」（女子）

「母は大企業が次々と倒産していく様子を見て、衝撃を受けたと言っていた。とくに山一證券が一番印象に残っているという。母は社長の記者会見をテレビで見て、この先の日本はどうなるのかと思ったらしい」（男子）

「私の父は1989年に山一證券に入社しました。その年は給料が束にして立つほど支給され、お客さんから誕生日プレゼントで100万円をもらった社員もいたそうです。父が仕事であつかっていたのは50億ほどだったらしいです。四大証券の一角だった山一證券は、絶対つぶれないだろうという確信があったと言っていました。

その後、父はトップの営業マンに出世しましたが、会社の雰囲気が自分に合わないと感じ、以前からの夢であった会社を立ち上げることを決心して退職しました。

その数年後、海外のホテルでテレビをつけると山一證券の廃業が速報で流れていたそうです。元同僚に電話すると『私も今初めてニュースを見て知った。今日会社に行くと会社が潰れていた。訳がわからない』と話していました。そこで働いていた人たちですらも、一般人と同じニュースで潰れたことを知ったそうです」（女子）

さらに事態は悪化します。11月26日に宮城県にあった徳陽シティ銀行が破綻すると、不安に

表3－3　金融危機～デフレ認定までの世相と経済動向

	新語・流行語大賞（入賞）	日経ヒット商品番付	実質経済成長率
1997（平成9）年	「日本版ビッグ・バン」	「東京三菱銀行の預金」（横綱）	1.1%
1998（平成10）年	「貸し渋り」 「日本列島総不況」 「冷めたピザ」	「100円ショップ」（大関） 「半額ハンバーガー」（関脇）	－1.1%
1999（平成11）年	「ブッチホン」（大賞） 「癒し」	「i モード」（大関） 「百貨店閉店セール」（小結）	－0.3%
2000（平成12）年	「ＩＴ革命」（大賞）	「ユニクロ」「平日半額バーガー」（ともに横綱）	2.8%
2001（平成13）年	「聖域なき改革」 「改革の『痛み』」などの小泉首相語録（大賞）	「メード・イン・チャイナ」（横綱） 「希望退職」（大関） 「200円台牛丼」（張出大関）	0.4%

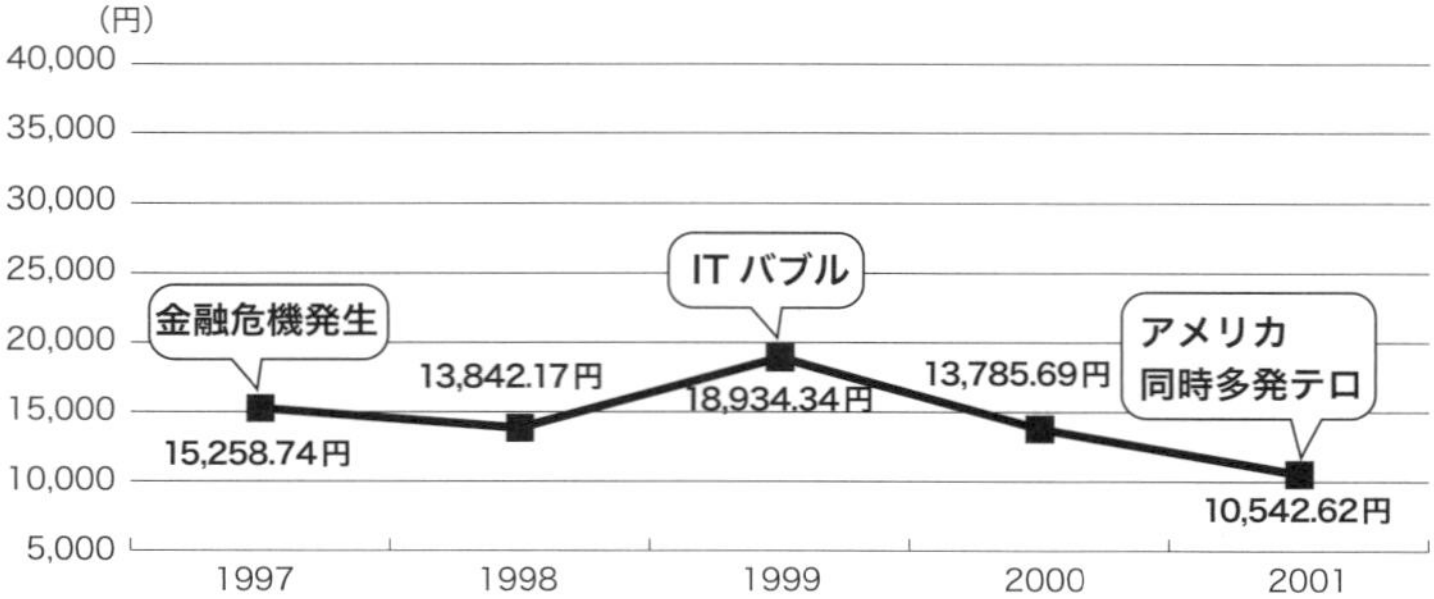

日経平均大納会終値の推移

なった人々が押し寄せて各地で取り付け騒ぎがおこりました。全国的なパニックがおこることを懸念したメディア各社は、独自の判断であえて報道しなかったといいます。[8]

いずれも、バブル崩壊による巨額の損失に呑みこまれた果ての破綻でした。

この一連の出来事を「金融危機（金融不安）」と言いますが、年末には日経平均も急落して92年と95年に次いでバブル崩壊後3度目の1万5000円割れを記録しました。

こうしたなか、他行に比べて不良債権が少なく格付会社の評価も高かった「東京三菱銀行の預金」（現、三菱UFJ銀行）がヒット商品番付横綱に選ばれるという異常事態となりました。日本の金融システムは、崩壊の一歩手前まで追いこまれたのです。

「バブルと言えば、日本の過去でも最高の好景気で悪いイメージは持っていませんでしたが、バブル崩壊後におこったことを勉強して、銀行が大量の不良債権を抱えて倒産していたことを知り、現実の怖ろしさを突きつけられたような気がしました」（男子）

11 「日本列島総不況」

1998年は長野オリンピックの年でしたが、高度成長期であった1964年の東京や72年の札幌と比べると、不況のどん底でおこなわれたオリンピックとなりました。

景気低迷から7月の参院選では自民党が惨敗し、この責任をとる形で橋本内閣が退陣に追い込まれました。増税によって不況を深刻化させた橋本首相の失敗は、のちに消費税率が8%、10%と上げられる度に語り継がれることになります。

秋には日本長期信用銀行（長銀）、年末には日本債権信用銀行（日債銀）がそれぞれ破綻しました。両行とも戦後の復興期から高度経済成長期にかけて日本経済を支えてきた大手金融機関でしたが、巨額の不良債権に呑みこまれる形で脆くもこの世から消え去りました。

本来、金融機関は「お金を貸し出す」ことで企業の活動を支えています。その金融機関の多くが経営難のため、貸している場合ではなくなってきました。この年の流行語となった「貸し渋り」とはそういう意味です。

融資を受けられないため、廃業や倒産に追い込まれる中小企業もでてくるようになります。バブルの頃に立ち上がったテーマパークやリゾート計画も行き詰まっていきました。

苦しくなった企業はリストラを加速させて、家計や就職はどんどん苦しくなりました。冷え込んだ購買力を背景に、低価格が消費のキーワードになります。今では当たり前のようにある「100円ショップ」が登場したのはこの頃のことです。

このあたりから、数字の上でもそれまでとは異なる傾向が出始めます。

「日本列島総不況」が流行語となったこの年、日本経済はオイルショックの影響を受けた1974年とほぼ同水準の1%を超えるマイナス成長を記録しました。日経平均も一時1万30

００円を割り込んでバブル前の86年1月の水準に戻り、職を失う人や就職できない若者が増えて完全失業率は４・０％を超えました。

１年以上の資金の貸し借りをした場合の金利を「長期金利」といいますが、国が発行する「10年物国債」の利回りがその代表とされます。景気が良く将来的に高い経済成長が見込める場合、企業や個人は高い金利を払ってでもお金を借りようとするため長期金利は高くなる傾向があります。逆の場合は低くなることから、「経済の体温計」とも呼ばれます。

この年の6月、日本の長期金利は１６１９年にイタリアのジェノバ国債がつけた記録を３７９年ぶりに更新しました。以後、21世紀の今日に至るまで歴史的な低水準をつづけることになります。

図3-1を見てください。この年、１９７０年代後半から2万～2万５０００人程度だった年間の自殺者数が、３万人を突破しています。これは、統計のある１８９９（明治32）年いらい初めてのことで、戦後最大レベルの急増でした。

一般に自殺者数は、景気の悪化や失業者数の増加と相関関係があると言われます。この年以降、年間の自殺者数は不良債権処理がすすむ２００３年をピークに、２０１０年代初頭まで３万人を下回ることはありませんでした。

不況はもはや戦後日本が初めて経験するレベルに達しようとしていたのです。

バブルの頃に組んだ融資の返済が滞る中、かつて買いあさった海外不動産や美術品の多くは

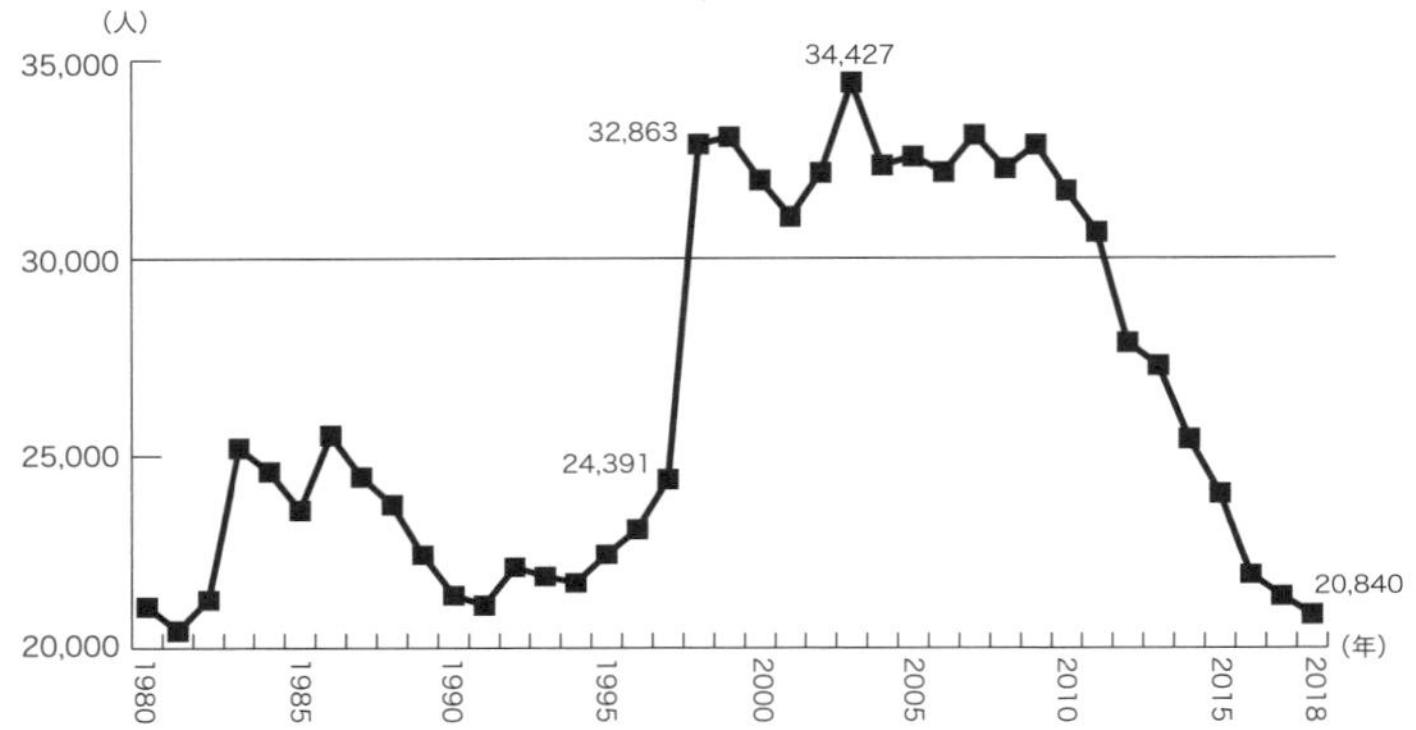

出典：警察庁「自殺統計」厚生労働省「自殺死亡統計の概況」「自殺者数の推移」

図 3-1　自殺者数推移（1980 〜 2018 年）

手放されていきます。破綻した日本の企業は、アメリカなどの外国資本に二束三文で買い叩かれていきました。この年破綻した長銀も外国資本の手に渡り、「新生銀行」と改称して普通銀行として再スタートを切ります。こうした外資系企業は「死肉を食いあさる」という意味から「ハゲタカ・ファンド」と呼ばれ、かつての進駐軍を思わせました。

バブル崩壊に始まる混乱は、この頃から「第二の敗戦」と呼ばれるようになります。そして、低成長におちいったまま不況から抜け出せない90年代は「失われた10年」と呼ばれ始めました。

「この授業で、自分の生まれた頃の映像を始めて見ました。バブル期と違って暗い印象でした。日本そのものに活気がなかったように思えました。銀行や証券会社が次々と倒産しているところは特に衝撃を受けました。なぜバブルの時に、あとのことを考え

て行動しなかったのだろうと思いました」（男子）

「父は生産設備の設計技術者です。バブル絶頂期には入社3年目にもかかわらず、10億のプロジェクトを担当していたそうです。しかし、バブルが崩壊したことから仕事が一変したそうです。父は合理化という名のもとに、自分が作った工場や設備を解体するという辛いプロジェクトを数多くやってきたようです。父からは『残念ながら一人が世界のルールを変えることはできない。我々一個人にできることがあるとすれば、世界や経済の変化に対応するために、自らの物差しの尺度を状況に応じて変化させることが鍵になってくる。学生の間に語学と論理的なものの考え方を学ぶことによって、自らの物差しの基礎を築いてほしい』と言われました。父の話を聴くまで、バブルの崩壊が自分の家族にまで影響していることを知りませんでした」（女子）

「母が大学4年生の時、バブルが弾けて就職難に陥ったそうだ。同い年であった父はそれを乗り越え、大手の銀行に入った。だが、バブル崩壊後の銀行は大変だったそうで、過労で倒れてしまいこの世を去った。授業で当時の映像を見たときに、バブル崩壊の影響を受けた人はどれほどいるのだろうかと考えたが、父自身も被害者であり、父の死によって生活が変わってしまった私や母もその一人だということに気づいた。これほど経済の変化の影響は大きいのだということを痛感した」（女子）

橋本首相の退陣後、自民党総裁として首相になったのは同じ派閥の小渕恵三でした。

この危機に対し、小渕首相は経済政策に詳しい宮澤元首相に大蔵大臣として入閣することを懇願します。当時の常識から言えば、首相経験者が大臣として入閣することはありえません。しかし、事態はそこまで深刻になっていました。再登板した宮澤大蔵大臣は、同様の経緯で就任した戦前の首相になぞらえて「平成の高橋是清」と呼ばれました。

こうして98年7月に発足した小渕内閣は、金融再生関連法を成立させます。それまで決められていなかった破綻した金融機関の処理方法が定まって、そのために60兆円の公的資金が用意されました。こうして金融危機は収束に向かいます。あわせて橋本内閣の財政再建路線を撤回し、積極的な財政出動をおこなうことで景気の回復をめざしました。

当時、日本経済の混乱は「世界恐慌」を引き起こすのではないかと国内外から注視されていました。

G7声明、迷走日本に〝最後通牒〟「重責」の自覚促す　恐慌現実化に危機感

先進七か国蔵相・中央銀行総裁会議（G7）声明は、破綻前の銀行への公的資金の投入という具体策まで明示する異例の形で、日本に金融不安の早期解消を迫った。背景には、世界中に取引の網を巡らせた日本の大手銀行が破綻すれば、「日本発の世界恐慌」が現実になりかねないとの諸外国の危機感がある。

（読売新聞1998年10月5日）

日本経済の長期停滞を「失われた10年」と呼んだのは99年度版の『ゼミナール日本経済入門』（日本経済新聞社）が初めてですが、前年の読売新聞社説ではすでに次のように述べています。

「失われた90年代」にするな

いま、21世紀を目前にして、日本の「第二の敗戦」を指摘する声がある。

プラザ合意を経た80年代後半、経済のバブルが日本を覆った。バブルは経済事象を超えて、日本人のモラルの面も含めて日本社会の隅々を侵した。（中略）「戦後最大の危機」のさなかにあって、国民の焦燥感は極めて深いものがある。（中略）いま、私たちに必要なのは、敗戦から国を再生させた往時の国民的エネルギーをよみがえらせ、結集することだ。

国際社会との共存共栄という理念に立って、経済を一刻も早く回復して「日本発の世界不況」を阻止しなければならない。失敗すれば、我が国は世界での名誉ある地位を失い、孤立しよう。

（読売新聞1998年8月15日）

12　10年後の「24時間タタカエマスカ」

高度成長期以降初めての2年連続のマイナス成長となった1999年、「癒し」が流行語大賞トップテンに選ばれました。これは栄養ドリンク・リゲインのテレビCMからのもので、「この曲をすべての疲れている人へ」というキャッチフレーズにあわせて流れる坂本龍一のピアノソロ曲〈energy flow〉から連想される言葉でした。

同じリゲインのCM「24時間タタカエマスカ」からちょうど10年後のことでした。

「89年のリゲインはあれだけ自信に満ちて明るかったのに、99年はびっくりするぐらい暗くて日本がいかに大変な状況にあったかが感じられた。落差がありすぎて、正直笑ってしまった」(男子)

90年代の後半は阪神・淡路大震災やオウム真理教による一連の事件、そして金融危機などによって、それまで日本人が信じていた価値観が崩れ去った時代でした。

この年に連載が始まった浦沢直樹のマンガ『20世紀少年』は、怪しげな宗教団体による世界の終末を描くなど、「世紀末」と呼ばれたこの時代の不安感を映し出した作品でした。

長引く不況のなか、20年前に「ジャパン・アズ・ナンバーワン」と称賛された日本的経営に対する自信も失われていきます。かつては当たり前だった終身雇用や年功序列も非効率なものと見られるようになりました。

昇級や昇格は年齢や勤続年数によらず、仕事の成績によって決める成果主義を導入する企業も増えてきます。業績もないのに長くいるだけの社員は、人件費を圧迫するだけの無駄な存在と見られるようになりました。

私たちバブル世代も、厳しい雇用環境の中、いつまでたっても職場では若手扱いでした。たまに入ってくる後輩は、就職氷河期を勝ち抜いてきた猛者でした。一流企業であればあるほど、自分が身の丈に合わない会社にいることを思い知らされた人もいたようです。

また、日本を代表する企業も変革を迫られます。

「シーマ現象」と呼ばれた高級車ブームから10年、日産自動車は巨額の借金をかかえて低迷が続いていました。ここに資本提携したフランスのルノー社からやってきたのが「コストカッター」の異名を持つカルロス・ゴーンでした。

日産の最高執行責任者となった彼は、工場の閉鎖や大幅なリストラなど改革をすすめ、瀕死の日産を見事V字回復させます。「ゴーン・マジック」と呼ばれたその経営手腕に賞賛が集まる一方で、多くの日本人が日本的経営はもはや時代遅れと感じるようになっていきました。

それから約20年後、彼は金融商品取引法違反で逮捕されて日産を追われることになりますが、当時は日本経済の救世主として英雄視されていたのです。

景気回復のため、経済政策も大規模になります。

小渕内閣では首相自身が「日本一の借金王」と言ったほど巨額の赤字国債が発行されて、景気対策は90年代に成立した内閣の中でも最大の規模となりました。

あわせてこの年、日本銀行も政策金利を限りなくゼロに近づける史上初めての「ゼロ金利」政策を導入しました。つまり、財政政策と金融政策をフルスロットルで吹かせることで不況から脱出しようという作戦です。

さらにアメリカ発のインターネット銘柄を中心とする株高「ITバブル」もあって、99年後半には株価も回復、終値で1万9000円に迫る勢いを見せました。

景気回復にともなって、発足当初「冷めたピザ」（何をしても食べられない）と酷評された小渕内閣の支持率も上昇します。参議院では、1989年に自民党が失っていた単独過半数を公明党らとの3党連立を組むことで回復しました。これが現在につながる「自公連立」政権の始まりとなります。また、首相本人が相談したい相手に気軽に電話をかけてくる「ブッチホン」は、この年の流行語大賞に選ばれました。

一方で、この頃から「国の借金」は歯止めがかからなくなります。そして、プラザ合意後とは比べ物にならないほどの超・超低金利は、国民生活に影響を与えていきました。

政策金利は預金金利にも影響を与えます。つまり、政策金利が下げられれば預金の利息も少なくなります。暮らしに関わる数字の中で、平成で大きく変わったものの一つに預金金利があります。平成の初めの頃は、1億円あれば利息で食べていけると言われた時代でした。

「母はバブル当時、プラスチックの原料を加工する会社に勤めていました。稼いだお金を貯金

すると、少しの期間でも利息でどんどんお金が増えていったそうです。今の銀行がお金を預けるだけのところというのとは異なり、『預けるとお金が増えるところ』という感覚だったそうです」（女子）

「バブル末期、母は高校生だったのですが、銀行でおばさんが、『うわー、銀行にお金を預けるだけでこんなにもお金が入るんや』と言っていたのが印象に残っているそうです」（男子）

バブル末期の90年だと金利は普通預金で2％、1年もの定期預金で6％ほどありました。定期預金の場合だと、100万円預金すれば1年後には6万円の利息がもらえるということです。つまり、1億だと600万円。当時のサラリーマンの平均年収以上です。

今は大手銀行の1年もの定期預金でだいたい0・01％（2019年6月現在）。バブル末期の6000分の1です。100万円を預金すると1年後の利息は100円です。これではコンビニで引き出したら、利息は手数料で消えてしまいますよね。

年6％の金利なら12年ほど預ければ資産は倍になりますが、0・01％なら倍にするのになんと7000年近くもかかる計算です。古代エジプトから預金しても倍にはならないのです。

「失われた10年」は、のちに「20年」とも呼ばれ平成時代の大半を占めますが、以前なら当然あったはずの預金の利息も「失われた」時代だったのです。

現在では常識となった先進国でも最悪レベルの財政と、超・超低金利という日本の姿は、このあたりから鮮明になってきます。

13 ITバブルの崩壊

20世紀最後の年である2000年は、景気回復を思わせる始まりとなります。

この年の流行語大賞の「IT革命」に象徴されるように、ITバブルによって日経平均は春先には2万円台を回復しました。成長率も2年続いたマイナスから脱して2・8%とバブル崩壊後では高い水準となりました。

好調に見えたこの年ですが、4月に異変がおこります。首相の急病により、長期政権も視野に入っていた小渕内閣は突然終わりを告げます。この1か月半後、小渕さんはこの世を去りますが、自民党幹事長であった森喜朗《よしろう》が総裁となって首相に就任しました。

森内閣は「密室で決められた」と言われたほど発足の経緯が不明瞭であったことと、首相本人の失言がつづいたこともあって支持率は低空飛行をつづけました。

ちょうどこの頃、ITバブルが崩壊します。日経平均は急落して年末には2年ぶりに1万4000円を割り込みました。

こうして再び不況が息を吹き返し、言いようのない不安が社会を覆い尽くしました。

7月、かつて売上げ日本一を誇った老舗百貨店そごうが破綻します。グループを合わせた負債総額は、小売業としては空前の1兆8700億円でした。

最後の営業日の閉店時、シャッターが閉まるまでお客様に深々と頭を下げる社員の姿は全国に報道されました。かつて日本を代表した百貨店の最期に惜しみない拍手と「今までありがとう」の声がかけられたのは、せめてもの救いでした。

もう一つ、戦後を代表する企業が曲がり角をむかえようとしていました。

現在、プロ野球球団のホークスのオーナー企業はソフトバンクですが、その前は戦後の昭和を代表する実業家・中内㓛が創業したスーパーマーケットのダイエーでした。高度成長期に急成長したダイエーは、バブル期にはコンビニエンスストアのローソンをはじめ数多くの企業を傘下に持つ巨大なグループ企業でしたが、バブル崩壊とともに衰退していきました。

この年、長年の業績不振の責任をとる形で中内社長が退きます。カリスマ的な経営者だった彼の退場は、一つの時代の終わりを感じさせました。こののち、グループは解体されてダイエー本体はイオンの傘下に入り、ホークスはソフトバンクに売却されることになります。

そごう、ダイエーはともに平成の初めには日本を代表する一流企業でしたが、バブル期に土地の値上がりを見込んで融資を受けて積極的に出店していました。両社の行き詰まりは、このビジネスモデルが破綻した結果でした。

逆に不況をばねにした企業からは、新たなヒット商品が出ました。

当時、人件費が安かった中国でフリースを生産して、高品質・低価格で大ヒットした「ユニクロ」、日本マクドナルドの「平日半額バーガー」はその代表です。これらの企業はのちに「デフレの勝ち組」と呼ばれるようになります。

こうしてコストカットをして、低価格の商品を売り出すことが当たり前の時代が来ていました。一方でこれは、きびしいリストラをともなうことになります。誰の目にも、時代が変わったことは明らかでした。

「バブルの時代に生きていなくてよかったと思う。当時の人々は今よりも自由にお金を使え、景気が比べものにならないくらい良かったかもしれないけど、その勢いは泡のようにすぐに弾けてなくなった。結局はお金に振り回されていたという印象が残った」（男子）

14 デフレ時代の始まり

バブル崩壊後、日本全体の購買力が低下して低価格の商品しか売れなくなっていくなか、物価が下がっていることが明らかとなりました。２００1年3月、月例経済報告は「日本経済は緩やかなデフレにある」としました。

バブルの絶頂から始まった平成という時代は、ここに戦後初めてのデフレの認定にたどりついたことになります。こうして、平成経済の象徴とも言うべきデフレの時代が幕を開けました。

デフレの恐ろしいところは、物価が下がっていくなかでコストカットが当たり前になり、人々から雇用や所得を奪っていく点です。

この年、負債総額１０００万円以上の倒産件数はバブル崩壊後では最高となり、[9] 完全失業率もついに５・０%を超えました。日本国内でリストラや就職難が当たり前になる一方、低価格商品の供給源となって存在感を増しつつあったのが「世界の工場」となった中国でした。

こう見ると、ヒット商品番付横綱「メード・イン・チャイナ」と大関「希望退職」は互いに関係しあっていることがわかりますね。企業は中国発の高品質・低価格商品を売り出すとともに、人件費の高い社員をリストラして生き残りをかける時代になったのです。

「『希望退職』がヒット商品になるなんて、恐ろしい時代だったのですね」（男子）

デフレの傾向はすでに90年代後半から出ていました。リストラやコストカットが繰り返されて低価格が定着する一方で、社会全体の購買力が奪われて加速度的に不況が進行していくことを「デフレスパイラル」と呼びます。

例えば、日本マクドナルドのハンバーガー単品価格の推移を見てみましょう。

２１０円（バブル期）→１３０円（95年）→夏のキャンペーン期間中「半額バーガー」65円

（98年）→「平日半額バーガー」65円（00年）→59円（02年）

「私の祖母はファストフードが好きだ。特にマクドナルド。私が近所のマクドナルドに行く時は必ず声をかける。すると『これで足りる？』と千円札を2枚ほどくれる。『え？　２０００円？』と言うともう1枚千円札を渡そうとしてくれる。もらいすぎだと言うと『これだけで足りるの？』と。

話をしてみると昔から好きでよく行っていたらしいが、値段は今より大分高かったらしい。今はハンバーガー１００円だと言うと、昔はその2倍くらいしていたらしく、『そんなに安くて儲かるのか』と驚いていた。20数年たっているのに物価が安くなっているのが不思議だと思った。なるほどこれがデフレなのだと思った」（女子）

「インタビューをしているときに大人たちがあまりにも『バブルのときはよかった』と言うので、逆に崩壊後によかったことはないのかと尋ねてみた。すると、バブルのときは、みんなどこか無理をしていた雰囲気があった。わざわざ高級車を購入したり、身につけるものもブランド品にしていた。叔母は、バブルの時とは違って今は他人と比較せず、自分らしさを追求できるので落ち着いてよいと言っていた」（男子）

ところで君たち、知っている銀行の名前をあげてもらえますか？

「三井住友、みずほ、三菱UFJ……とかでしょうか？」

テレビCMでも有名な銀行ですね。こうした銀行は「メガバンク」といって規模の大きな銀行です。ただ、「りそな」も含めて、なぜか名前が2音節以上かひらがな3文字ですよね。

これらの銀行が誕生したのがこの頃です。不良債権の処理に苦しんだ各銀行は、生き残りをかけて合併に乗り出します。

例えばこの年に誕生した「三井住友」は、明治以前の豪商から始まって戦前の財閥の流れを汲むライバルどうしの合併です。つまり、バブルの崩壊は日本経済史上に大きな足跡を残す三井と住友の歴史的合体をもたらしたということになります。

その前年に誕生した「みずほ」は第一勧業銀行・富士銀行・日本興業銀行の合併です。さすがに「三井住友」のように名前をつなげると落語の「寿限無」のようになってしまいますよね。そういう判断があったかどうかはわかりませんが、銀行の名前は「日本」を意味する「瑞穂の国」からとられました。[10]

この年、国民的不人気にあえいだ森内閣がわずか1年で退陣します。

２００1年4月に自民党の総裁選がおこなわれることになりましたが、有力視されたのが竹下派の流れをくむ最大派閥を率いた橋本元首相でした。

歴史的な景気低迷や前政権の低支持率にもかかわらず、あいかわらず派閥が優先されていることに党内でも不安が広がりました。このままでは自民党そのものが国民に愛想をつかされかねないという危機感からでした。

こうしたなか、「古い自民党をぶっ壊す」と出馬したのが小泉純一郎でした。自らの掲げる政策を「聖域なき構造改革」といい、それを妨げる古い政治家を既得権益にしがみつく「抵抗勢力」とした彼は、短いフレーズで大衆の心をつかむ天才でした。自民党員でない一般国民には選挙権はないのですが、それでも彼の演説には毎回長蛇の列ができました。これをマスコミは「小泉旋風」と呼び、総裁選は小泉の圧勝に終わります。

バブル崩壊に始まった社会の混乱は、戦後政治の常識であった「派閥の論理」も変えたことになります。

公明党などとの連立によって成立した小泉内閣は、「痛み」をともなう改革を国民に訴えかけました。これに対し、支持率は戦後最高の80％を超え、人気絶大の小泉首相は、写真集までが発売される過熱ぶりでした。

この年、一連の「小泉語録」は流行語大賞を受賞しますが、マスコミを通じて大衆を熱狂させる彼の政治手法は、5年以上におよぶ長期政権のもとでたびたび発揮されました。

とりわけ、彼の持論であった郵政民営化を実現した2005年の衆議院総選挙の圧勝は「小泉劇場」と呼ばれ、2度目の大賞を受賞します。これによってそれまで国の事業だった郵便、郵便貯金、簡易生命保険は民営化され、現在の「日本郵便」「ゆうちょ銀行」「かんぽ生命」につながるのですが、在任期間中、自分の名前が入った言葉が流行語大賞を2度も受賞した総理大臣は彼だけでした。

発足した小泉内閣への期待が高まる一方で、株価は下落をつづけます。日経平均は7月に1万2000円、8月に1万1000円を下回りました。下落に歯止めがかからなくなるなか、9月にはアメリカで同時多発テロがおこります。

これを受けて、1984年以来17年ぶりに1万円を割り込みました。90年代に一進一退を繰り返して来た株価は、ついに80年代前半の水準に戻ったことになります。

「『聖域なき構造改革』は父の口癖ですが、その由来を初めて知りました」（男子）

メディアはバブルをどう伝えたか Ⅱ……………………平成中期

平成も10年を過ぎたあたりから、長期不況の原因となったバブルを検証しようという動きが始まります。ここでは平成中期にあたる1990年代末から2000年代半ばまでを中心に、メディアがバブルをどのように捉えていたのかを見ていきます。

あんなに活力のあった日本経済がここまで低迷することは、誰も予測できませんでした。日本人は戦後例を見ない経済の長期低迷に直面して、初めて「バブルとは何だったのか」を問い直そうとしました。

90年代を「戦後の日本経済が経験した最大の失敗」とした日本経済新聞社編『検証バブル　犯意なき過ち』（2000年）は、不良債権問題を先送りして破綻を招いた金融行政を、太平洋戦争初期の敗北を隠蔽して泥沼にはまった旧日本軍とだぶってみえるとしました。こうした「第二の敗戦」が論じられるなか、学者らもバブルの発生以降の「敗因」を分析するようになります。村松岐夫・奥野正寛編『平成バブルの研究』〈上・下〉（東洋経済新報社、2002年）は、20人の政治・経済学者によるバブルの発生と崩壊とその後の不況の分析ですが、その結びにおいて、バブル崩壊の影響を中・長期的には「日本国の没落」につながる可能性があると指摘しました。

バブルとは一体何だったのか――経済の専門家以外からもこの問いかけがなされました。バブルの後始末に使われた天文学的な公的資金を「史上最大のむだづかい」とした作家の村上龍[11]は、当時の日本人の感情を次のように代弁しています。

> 今、ほとんどの日本人が言葉にならない不安を持っているのではないだろうか。外の世界が変化していると感じながら、その変化の正体がわからない。未来をイメージできない。

不安が発生する源、つまり不安の原因もわからない。だから不安にどう対応すればいいのかわからない。もちろんどういう戦略を立てればいいのかわからない。

（中略）

80年代末から90年代初頭にかけてのバブルで、経済的にもプライドの面でも、日本人は傷ついた。バブルはすでに多くの日本人にとって「触れられたくない過去」になりつつある。

『ＮＨＫスペシャル「村上龍〝失われた10年〟を問う」』（日本放送出版協会、２０００年）

この頃、バブルの記憶はまだ無邪気に笑い飛ばせるような段階ではありませんでした。小説や映画などもようやくバブルの本質を描こうとし始めます。バブル崩壊直後の90年代前半から、バブル時代を舞台とする作品はありました。

尾上縫の半生を描いた清水一行『女帝　小説・尾上縫』（朝日新聞社、１９９３年）、愛人・風俗嬢などを中心にバブルに翻弄された女性に取材した家田荘子のノンフィクション『バブルと寝た女たち』（講談社、１９９４年）、女子大生と中年男とのカネと愛欲にまみれた生活を描いた横森理香の自伝的恋愛小説『ぼぎちん――バブル純愛物語』（文藝春秋、１９９４年）などがその代表的な作品です。

ただ、まだこの段階では、バブルはあぶく銭を手にした個々人の物語として描かれることが多かったと言えます。本当の意味でバブルが日本社会に何をもたらしたのかを描けるようになるのは、90年代後半以降のことです。

不良債権処理がすすまなかった理由の一つに、高度成長期いらいの銀行と暴力団など裏社会との癒着があったと言われます。バブル期には地上げなどを通じてさらに関係が強まり、表に出せない巨額の融資がバブル崩壊後に不良債権となりました。そうしたつながりを断ち切れず、バブルを煽った経営陣が居座る銀行の実態を描いたのが高杉良の小説『金融腐蝕列島』シリーズで、『金融腐蝕列島〔呪縛〕』(1999年)として映画化されました。

また、NHKで放送されたドラマ『バブル』(2001年)は、当時の大阪を舞台に土地や絵画取引などを通して人々がカネに翻弄されていく姿を描きました。

篠田節子の短編小説集『レクイエム』(文藝春秋、1999年)には、バブルをテーマとした作品が数編収められています。離婚後に夫の会社を乗っ取ることで事業に成功した主人公・朋子の人生がバブルによって狂っていく「ニライカナイ」では、投資に乗り出す彼女の心境を次の様に描いています。


証券会社の営業マンだった。

「株は絶対上がりますよ。来年中には、日経平均二万八千円、再来年には、三万五千円をつけます。今ですよ、今」

「ええ、そうねえ……」

朋子は今のままで充分、満足していたのだ。横浜の家での家政婦と二人の生活も、手堅い建材屋の商売も、死ぬまで続けていられればそれでよかった。

しかし、時代が満ち潮のように、朋子の生活を洗っていく。

宿命だ、と朋子は観念した。（中略）

朋子は初めて四千万の金を一時に動かした。株を買ったのだ。義父の代からいる生え抜きの財務部長が止めたが、朋子の固い決意を知ると、それ以上に強硬には反対しなかった。世の中全体がそういう方向に流れていたのだ。

（文春文庫版、77ページ）

この時期の作品に描かれた「バブル」とは、ディスコで若い女性が踊っている光景などではありません。バブルは日本経済はもちろんのこと、社会のシステム、そして日本人を狂わせた元凶とされました。むしろ、嫌悪の対象であったと言えます。バブルは経済現象の域を超えて、文化や日本人論の観点からも語られるようになります。

この頃、日本各地に残るバブルの爪痕を取材したジャーナリストの斎藤貴男は、その拝金主義が「戦後の日本人が時間をかけて築き上げてきた根本的な価値」を壊し、日本人の「恥」の文化を壊したとしました。[12]

バブルは子ども達の倫理観をも壊したと言われました。

1996年には女子高校生の売春を指す「援助交際」が社会問題となって、流行語ともなります。

「遊びにお金が必要。ブランド物をもっていれば仲間はずれにされることはない」という理由から体を売る彼女たちの姿に、大人は衝撃を受けました。それは、かつてバブルに踊った自分たちそのものだったのです。

また、石田衣良の小説『波のうえの魔術師』（文藝春秋、2001年）はバブルの責任をとろうとしない銀行に対する庶民の復讐をテーマとしました。

バブル崩壊前、護送船団方式に守られた銀行への社会的信用は絶大でした。金融危機の真っ只中にあった1998年を舞台としたこの作品では、預金口座を解約しようと集まった人たちを次のように表現しています。


たいていの人は怒っても悲しんでもいなかった。

ただ信じていたものに裏切られた人間の顔をしていたのだ。


（文春文庫版、260ページ）

ここまで社会を混乱に追い込んだ不良債権とは、本来返さないといけないお金だったはずです。にもかかわらず、「銀行が無理に金を貸すからだ」「社会全体がバブル投機に浮かれていたのだ。我々は社会の犠牲者だ」という経営者の言い訳がまかり通っていました。

こうした無責任の連鎖を痛烈に批判したのが真山仁の小説『ハゲタカ』（ダイヤモンド社、2004年）でした。外資系ファンドの代表として日本企業の買収に乗り出した主人公の鷲津政彦は、借金を返そうとしない経営者にこう迫ります。

社長、借金に国籍も肌の色も、ありません。そこにあるのは、ただのお金です。しかも借りた金は返す、というのは、万国共通じゃないですか。（下巻、65ページ）

NHKで放送されたドラマ版（2007年）でも、バブルの責任をとろうとしない無能な経営者がはびこるこの国を、鷲津は「腐った日本」と呼びます。そうした破綻同然の日本企業を「買い叩く」として、莫大な利益をあげていきます。

一方、バブルを煽った側の論理も描かれました。

前出の篠田節子の短編小説集『レクイエム』所収の「帰還兵の休日」の主人公・菅本は、かつてバブルを謳歌した30代の住宅販売会社の営業マンです。

バブル当時、菅本は「必ず高く売れるから」と、4000万の現金を手にしてやって来た客に融資を組ませて1億近いマンションを買わせていました。バブル崩壊後、当然ながらその資産価値は暴落します。

数年後、その客と偶然再会した彼は「人に借金背負わせて高いものを押し売った」と罵られたあげく、殴り飛ばされてしまいました。菅本は心の中で次のように叫びます。

押し売られた、とは何という言いぐさか。お前のもってきた4000万だって、つぶれたような自宅を売って作った泡銭《あぶくぜに》だろうが。一生、工場の壁を見て暮らさなければならなかった人間が、一時でもこんな豪華マンションに住めたのだ。なぜ俺が恨まれなければならないのだ？

だれもが夢を見た。だれもが楽しんだ。それなのに、なぜバブルバブルと断罪されなければならないのだ。

（152ページ）

出口の見えない不況は、かつての日本経済への懐古にもつながっていきます。

この時期、終戦直後から高度成長期にかけての無名の日本人の活躍に光をあてたNHKのドキュメンタリー番組『プロジェクトX～挑戦者たち～』（NHK、2000～05年）が人気番組になりました。

東京タワーの建設、コンビニの誕生など戦後日本が世界に誇る業績をドラマチックに取り上げたこの番組は、リストラの対象となり自信を喪失していた中高年などを勇気づけました。午後9時台という激戦の放送時間帯にあって最高視聴率は20％にもなったのです。

こうした日本人としての誇りを取り戻そうとする動きがおこる一方、30代をむかえていたバブル世代も問いかけを始めました。

小林キユウ『バブル・エイジ』（ワニブックス、２００１年）は、バブル絶頂期に大学を卒業して社会に出た著者とその仲間たちの「失われた10年」を追ったノンフィクションです。「東京下町の安アパートに住み、金勘定に興味のない学生までその強烈な吸引力で呑みこんでいった」と当時を回想する著者は、自分たちをバブルによって社会に産み落とされた存在「バブル嬰児（エイジ）」だとしました。

私たちバブル世代は、社会人としてはその崩壊によって行き場を失った世代でもあります。当時「浮かれていた」かどうかは人によって異なりますが、自分が青年時代に受けたあの時代の空気をどこかで引きずっているのかもしれません。

林真理子の小説『ロストワールド』（読売新聞社、１９９９年）では、そんな一人である主人公の脚本家・瑞穂が、自らの作品で青春時代をすごした当時を次のように振り返ります。


私思うの。どんな人にも青春があるみたいに、この国にも青春があった。いいえ、青春っていうよりも、大人の最後の輝きかな。私たちの青春とこの国の輝きがぴったり合った時があったのよ。だから私たちは過去にこんなに固執してしまう運命を背負ってしまった。でももうそれは忘れなきゃ。

（角川文庫版、３７７ページ）

平成中期、バブルは日本人にとっては長期低迷の元凶であり、現在のように「浮かれた時代」として面白おかしく語るには、まだ時間が必要でした。

〔注〕

1 永野健二『日本迷走の原点　バブル』

2 内閣府景気基準日付による

3 日本経済新聞社編『検証バブル　犯意なき過ち』（２００８年）

4 朝日新聞１９９５年７月12日大阪「山口敏弘さん　北陽ＯＢ・ガンバ大阪（なにわ野球50年：５）」

5 読売新聞２００２年11月28日「バブル期、もはや意識せず　価値基準の意味失う　産業能率大が新入社員調査」

6 リサーチ・アンド・ディベロップメント『こんなに変わった！　日本人の欲求――バブル前夜から20年』（毎日新聞社、２００３年）

7 総務省「通信利用動向調査（世帯編）」

8 軽部謙介「金融危機から20年：その教訓は何か」２０１７年10月30日 https://www.nippon.com/ja/currents/d00360/

9 東京商工リサーチ「１９５２～全国企業倒産状況」

10 みずほフィナンシャルグループホームページ

11 村上龍・はまのゆか『あの金で何が買えたか――バブル・ファンタジー』（小学館、１９９９年）

12 斎藤貴男『精神の瓦礫――ニッポン・バブルの爪痕』（岩波書店、１９９９年）

第4章

戦後最長の不況のあとに

授業5

バブルの清算　2002(平成14)年〜2007(平成19)年

1　不良債権処理の本格化

不良債権の処理が本格化するのは、2002年9月におこなわれた小泉内閣の改造からのことです。

公的資金による不良債権処理を主張する学者出身の経済財政政策担当大臣・竹中平蔵が金融担当大臣を兼任することになりました。不良債権処理のためには、まずは銀行の損失を確定する必要があります。しかしながら、この段階ではまだその全容は見えていなかったのです。こうして大臣自身による「金融再生プログラム（通称：竹中プラン）」のもと、銀行に対して厳格な資産査定がなされ、そのもとに不良債権があぶり出されることになりました。

ただ、これは諸刃の剣でもありました。

この頃、不良債権処理は「解決不能の問題」とすら言われていました。不良債権を本気で処理するためには、銀行自身が莫大な損失を認める必要があります。そうなると、経営状態が明るみに出て預金者を不安にする可能性がありました。つまり、下手をすると銀行株の暴落や取り付け騒ぎがおきて金融危機が再燃することも考えられたのです。

また、かつてバブルに踊った大企業のなかには、破綻したのも同然なのに銀行の融資でかろうじて存続していたところもありました。こうした「ゾンビ企業」は、社会的影響の大きさから「大きすぎてつぶせない」とされていました。

不良債権処理の徹底は、こうした企業に大鉈をふるうことでもありました。それは、多くの人たちを路頭に迷わせる可能性があるとともに、関連企業の連鎖倒産により新たな不良債権が発生する危険すらありました。

つまり、不良債権処理が新たな失業者と不良債権を生んで、不況がさらに深刻化する悪循環を生む可能性があったのです。

大臣の断固たる姿勢に、「竹中ショック」と呼ばれる株安がおこります。日経平均は秋以降、９０００円を割り込んでバブル後の最安値を更新し続けました。金融機関の破綻に備えて、この年には「金・金庫・貸し金庫」がヒット商品となります。厳格な査定をクリアするため銀行が強引に資金を回収する「貸し剥がし」が流行語となり、上場企業の倒産は29社にも上りました。[1]

2 実感なき「戦後最長の好景気」

株価がバブル後最安値を更新しつづける一方で、２００２年には景気がゆるやかながら好転し始めます。２００３年になるとデジタルカメラ、ＤＶＤレコーダー、薄型テレビの「デジタルＡＶ機器」の需要が急速に伸びました。

不良債権処理が進むに従って、市場もそれを受け入れ始めました。あれほど下がりつづけていた株価も底が見えてきたのです。日経平均は２００３年４月28日につけた７６０７円88銭を境に反転しはじめ、05年には主要行の不良債権は半減しました。不良債権問題に解決の目処が見えてきたのです。

２００２年2月から08年2月まで73ヶ月つづいた景気拡大は「いざなみ景気」とも呼ばれ、バブル景気が成しえなかった「いざなぎ超え」を達成して戦後最長の好景気となりました。

こうして90年代の日本経済を苦しめてきた不良債権問題が解決にむかい、本格的な景気の回復が始まりました。これでバブルの清算は終わりなのですが、ここで戦後日本経済の常識では考えられない不可解なことがおこります。

景気が回復したにもかかわらず、成長率は高い年でも2％ほどでした。高度成長期はもちろんのこと、平均３・７％ほどだったバブル前の80年代前半にもおよびませんでした。景気の回

表4－1　いざなみ景気～リーマンショック前後での世相と経済動向

	新語・流行語大賞（入賞）	日経ヒット商品番付	実質経済成長率
2002（平成14）年	「貸し剥がし」	「金・金庫・貸し金庫」（大関）	0.1%
2003（平成15）年	「年収300万円」	「デジタルAV機器」（横綱） 「六本木ヒルズ」（大関）	1.5%
2004（平成16）年	「新規参入」	「DVDレコーダー」（横綱）	2.2%
2005（平成17）年	「小泉劇場」（大賞） 「富裕層」	「富裕層向けサービス」（横綱）	1.7%
2006（平成18）年	「格差社会」	「デジタル一眼レフ」（横綱）	1.4%
2007（平成19）年	「ネットカフェ難民」	「新卒」「リ・バブル商品」（ともに前頭）	1.7%
2008（平成20）年	「蟹工船」	「蟹工船」「金融危機本」（ともに前頭）	－1.1%
2009（平成21）年	「政権交代」（大賞） 「派遣切り」	「激安ジーンズ」（横綱）	－5.4%

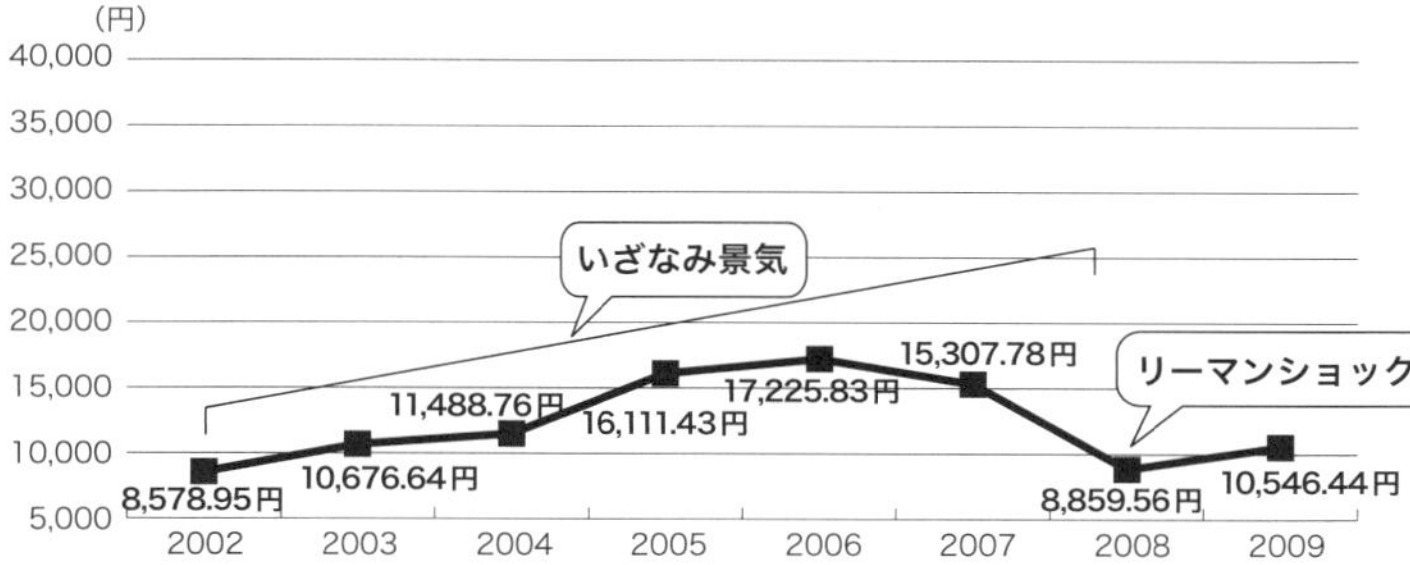

日経平均大納会終値の推移

復は「ジャパン・アズ・ナンバーワン」の復活ではなかったのです。

いざなみ景気は、高度成長以降の日本が初めて経験したデフレ下の好景気となりました。かつての好景気のときに当たり前だった経済成長がほとんどなく、「豊かさ」を実感することはほとんどありませんでした。

これはのちのアベノミクスでも同じです。なぜかは分かりませんが、バブル崩壊後の長いトンネルを抜けると、デフレと低成長の社会が待っていたのです。いくら金利が下がろうが減税がされようが、以前のように人々はお金を使わなくなっていました。

この一方で、バブルの頃とは違った、新たなお金持ちも登場します。

ITベンチャーの若き経営者たちがその代表で、彼らの言動は流行語やヒット商品にも影響をあたえるほどでした。「ヒルズ族」と呼ばれた彼らが住んだ高級マンションがある「六本木ヒルズ」は成功者の象徴とされ、2003年に開業するとたちまち東京の名所となりました。

2004年にはIT関連企業の楽天とライブドアがプロ野球球団への「新規参入」を争って、その結果東北楽天ゴールデンイーグルスが誕生します。

また、2005年には「富裕層」限定のサービスがヒットし、2007年にはバブルの頃を懐かしむ「リ・バブル商品」がヒットしました。こうしたことは、バブル崩壊による傷が癒え始めたことを感じさせました。

ただ、これとは真逆の流行語やヒット商品も話題となります。

この頃、日本人の平均年収は４４０万円ほどでしたが、好景気にもかかわらず何故か下がりつづけていました。その理由の一つに、長い不況の間に企業の合理化がすすんだことがあげられます。バブル当時、２割に満たなかった非正規雇用は、この頃には3割を超すようになっていました。フリーターや派遣社員はここに含まれます。

正社員の身分が強固に守られていて、おおむね終身雇用と定期昇給を前提としているのに対し、非正規雇用にはそうした保証はありません。体を壊して休めば給料はありませんし、退職金もほとんどありません。

経済成長が高かった時代は社会全体で稼ぐ手段があふれていたので、そうしたことを不安に思う必要はありませんでした。しかし、この景気回復では将来の生活は楽観できなくなっていました。こうした傾向はその後も変わらず現在につながっていきます。

03年には経済評論家の森永卓郎の『年収３００万円時代を生き抜く経済学』（光文社）がベストセラーになって、「年収３００万」が流行語になります。

結局のところ、小泉内閣は日本を「格差社会」にしただけではないか？　そんな議論もおこるようになります。

とりわけ、その影響をもろに受けたとされるのが氷河期世代の人たちでした。２０００年代半ば、景気回復と大量の定年退職で久しぶりに「新卒」がさかんに採用されるようになり、きびしかった就職氷河期はいったん終わることになります。

日本の会社、とくに大企業の正社員は、次の年度初めに社会に出る学生を新入社員としてまとめて採用するところがほとんどです。これを「新卒一括採用」と言いますが、逆に言えば、卒業して年数がたってしまうと、いくら優秀な人でも大手企業の正社員になることはかなり難しくなるということです。現在は変わりつつあるようですが、少なくとも当時はそうしたことが当たり前でした。

この時、氷河期世代の一部はすでに30代に入っていました。バブル崩壊後の就職難のため、彼らの非正規雇用の割合は高く、あわせて正社員になるハードルも年齢的にかなり高くなっていたのです。行き場を失った彼らは、この頃から「ロストジェネレーション（ロスジェネ）」と呼ばれるようになります。

２００６年、5年5ヶ月つづいた小泉内閣が退陣しますが、この年には働いても豊かになれない「ワーキングプア」が話題になります。さらに２００７年には、定まった住所を持たずにインターネットカフェで寝泊まりする「ネットカフェ難民」が流行語となりました。

バブル崩壊後の長い不況によって若者の将来が閉ざされたことは、日本の人口にも影響を与えたと言われます。

日本は１９７０年代いらい少子化がつづいていましたが、第二次ベビーブームで誕生した団塊ジュニア（１９７１～74年生まれ）は年間の出生数が２００万人超と多く、結婚適齢期に入る２０００年頃から第三次ベビーブームをおこすと期待されていました。

しかし、そうしたことはおきませんでした。それどころか出生数は減少し、２００５年には合計特殊出生率（１人の女性が出産可能とされる15歳～49歳までに産む子供の数の平均）が過去最低の１・26を記録します。何がおこったのでしょうか。

団塊ジュニアは氷河期世代に含まれます。氷河期世代は上の世代に比べて未婚率が高く、その一部が40歳を超えた２０１５年の国勢調査でも男性は３割以上、女性は２割程度が独身のままとなっています。

結婚に対する意識の変化など理由はいろいろ考えられますが、景気が回復してからも非正規雇用から抜け出せず、低所得や将来不安などから結婚をあきらめた人が多かったことも原因の一つと考えられています。人口の多い世代で結婚しない人が多く出たことは、第三次ベビーブームを幻に終わらせました。このことは少子化を加速させていくことになります。

バブルの後始末は終わりました。ただ、その過程で出現したデフレや低成長などさまざまな問題は現在につながっていくことになります。

「父はバブル期を『何とかなる』という気分の時代と言い、崩壊後を『真摯な計画性』の時代と言いました。『その時の気分で宿題をするかしないかを決めるような無計画な人間は、社会人にはなれないよ』父は私にそう言いました。また母からは『やりたい目的に対し、リアリティのある計画性をもつ人になりなさい』と言われました。

今回話を聞いてみて、私はこれまで以上に両親の考えがわかり嬉しかったです。親とこういう話したことはあまりなかったし、いつも普通に話をするけど、経済についてここまで深く話をしたことがなかったので新鮮でした」（女子）

「父は30代でバブルを経験しました。私に『一攫千金はダメ。株や土地で儲けようとするのではなく、着実に地道に仕事をしなければならない。またスキルアップや自分を磨くことによって、自分にしかできないことを磨くべきだ』とアドバイスしてくれました。いつも真面目なことをあまり言わない父が、働く大人の目線でしっかり答えてくれたことがとても嬉しかったです」（女子）

メディアはバブルをどう伝えたか Ⅲ……………………平成後期

２０００年代に入ってからの景気の回復は、バブルに対する認識をしだいに変化させていきました。「バブル崩壊」「不良債権」などの言葉は、90年代の不況を語るうえで常に用いられてきましたが、この時期を境にマスコミにおいても使用頻度が減少し始めます。

平成元年以降、読売・朝日・毎日の新聞３紙の「バブル崩壊」の使用頻度を調べると、景気後退が鮮明になった92年前後と金融危機の97年前後、そしてＩＴバブルが崩壊しデフレが認定

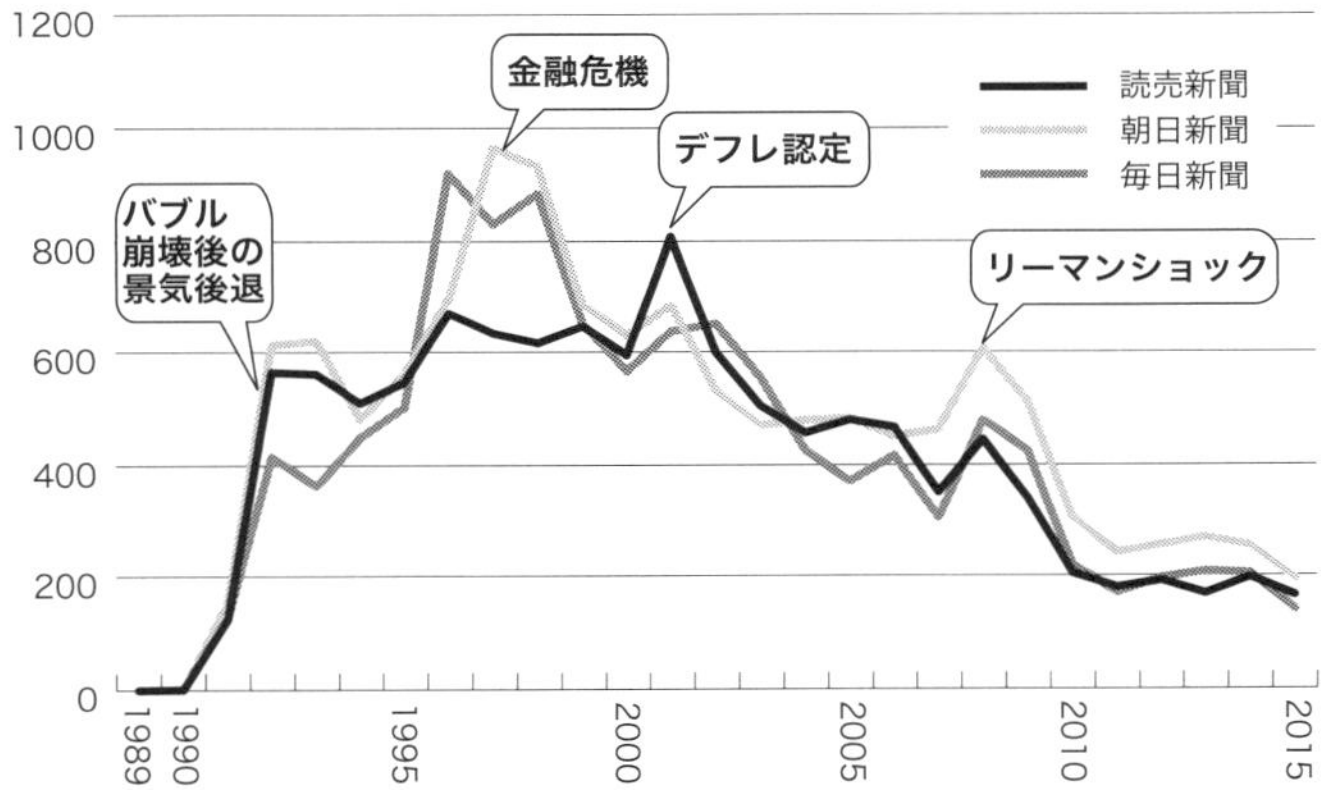

出典：著者作成

図 4-1　読売、朝日、毎日各紙に登場した「バブル崩壊」の回数

された２００１年前後といずれも景気の後退局面で高くなっています。

不良債権処理がすすむ03年頃から各紙とも減少傾向に転じ、07年には最も高かった97年頃に比べてほぼ半減しています。その後、リーマンショックがおこった08年に一時的に上昇しますが、２０１０年代には91年の水準にまで戻っています。

こうして２０００年代半ば頃からバブルに対する嫌悪感は和らぎ始め、過ぎ去った一時代として捉えられていきます。

この頃から映画や小説などのメディアも、バブル期を今とは異なる「別世界」として描き始めます。

タイムマシンで１９９０年の東京にむかう映画『バブルへＧＯ‼　タイムマシンはドラム式』（２００７年）、２００８年を舞台とする「現代編」とバブル初期の１９８６年の「過去編」が交互に展開する『仮面ライダーキバ』（２００８〜09年）などバブル期を一種の「時代劇」として描くようになっていきます。

時代劇となったバブル期は、のちの不況と切り離されて「日本が元気だった時代」として描かれていきました。あわせて、当時インターネットやスマートフォンが存在しなかったことも舞台装置となっていきます。

アベノミクスによる景気回復がおこる２０１０年代になると、こうした傾向はさらに強まりました。村上龍の書籍を原作としたテレビドラマ『13歳のハローワーク』（２０１２年）では、主人公は１９９０年の13歳の自分に会って過去を変えることで現在を変えようとし、ネット小説を原作とした映画『リンキング・ラブ』（２０１７年）でも、主人公は離婚の危機にある両親の若き日の１９９１年にタイムスリップします。

さらには１９８０円の低価格料金のスマホとかけあわせて女優の桐谷美玲が１９８０年代のディスコにタイムスリップするワイモバイルのテレビＣＭ「１９８０ＳＨＯＣＫ」シリーズ（２０１６年）など、ジャンルを問わず発表されました。

同様にＮＨＫ連続テレビ小説でも、バブル期を現代史の一幕として捉えるようになります。『あまちゃん』（２０１３年）では、主人公の母の若き日である１９８４年から89年が描かれ、昭和後期から平成が舞台となった『半分、青い。』（２０１８年）では、主人公はバブル期の東京を舞台に漫画家を目指します。

林真理子の小説『アッコちゃんの時代』（新潮社、2005年）も、バブル期の日本社会を活力があった時代として肯定的に描きました。かつて「地上げの帝王」の愛人だったアッコは40歳になった今、景気回復によって出現したIT長者を「得体のしれない者」と感じ、昔のバブル紳士と比べてこう言います。

　バブルのさ、土地で儲けていた人たちの方が、ずっと明るかったような気がする。お金もパーッと使ってたしさ

（新潮文庫版、301ページ）

著者自身が「いまは時代の傷が癒えたのか。あるいは、傷も含めて振り返る余裕がでてきたような気がします」と語っているように、以前のようなバブルに対する嫌悪感はあまり見られなくなります。[2]

こうした懐古の主役は、バブル世代でした。

大ヒットしたテレビドラマ『半沢直樹』（2013年）の原作で、バブル世代の銀行員が活躍する池井戸潤の小説『オレたちバブル入行組』（2004年）シリーズも、この時期に始まります。

マンガでは、短編ながら清原なつの『バブル姫とロスジェネ王子』（2009年）が、バブル世代と氷河期世代の価値観の違いをコミカルに表現しました。この作品では、楽天的で享

楽的なバブル女子と地味で堅実で後ろ向きなロスジェネ男子が時空を超えて一緒に旅をします。「地道に働いて得たお金、将来のためにも節約しなきゃ」という禁欲的なロスジェネに対し、楽観的なバブルは「明日は明日の金が来る」と切り返します。いわば、平成初めと後半での価値観の違いとでもいいましょうか。

２０１０年代には、加齢や離婚、非正規雇用などの現実と向き合っていくバブル世代も取り上げられました。

原田ひ香の小説『ミチルさん、今日も上機嫌』（２０１４年、集英社）は、そんな彼ら彼女らの悲哀が描かれています。

主人公・ミチルが、かつての交際相手・浅木と自分たちの世代について語る場面があります。浅木は、まだ若かった自分たちでも当時豊かだと思えたのは経費やタクシーチケットなど「『ただのもの』がたくさんあったからだ」といいます。

ミチル「今の若い人、そういう意味ではかわいそうだよね。ただのもの、なんにもなくて」
浅木「そういう、ただのもの、が俺らをスポイルしたんだろうな」
ミチル「そう?」
浅木「気がついたら、身の丈以上に買いかぶるようになってた。ただの時代の流れだったのに」

ミチル「でも、楽な時代に若い頃を過ごせたのは、ありがたいことかもしれない。今の若い人に比べたら…」

浅木「いや、だから、いつもばかにされるんだよ。俺らの世代はぜんぜん評価されない。今ならうちの会社になんて入れなかったレベルの人間だって、はっきり言われることもあるよ」

（集英社文庫版、125〜126ページ）

私たちバブル世代は、就職が楽だった一方で、年齢を重ねるにつれて職場で「お荷物世代」呼ばわりされるようになります。とりわけ、厳しい環境を生きのびた優秀な氷河期世代からは批判や嘲笑の的となりました。

また、バブル世代は「バブル」の名を冠する一方で、社会に出た途端にバブルの崩壊を経験した世代でもあります。したがって上の世代に比べると、本当の意味でバブルを知っているとは言い難いのです。

そのせいか、バブル世代を中心とする当時の回顧では、ディスコなど当時の若者文化が「時代の象徴」として強く描かれるようになっていきます。

こうして地価・株価の高騰よりも、ディスコやワンレン・ボディコンなどといった流行がしだいにバブルの象徴になっていきました。

もはや中高年となったバブル世代は、この頃様々な作品の主人公として登場しています。

「もうひと花咲かせたい」と80年代のミスコン女王たちが奮闘する越智月子『花の命は短くて…』（2014年、実業之日本社）、独身の服飾デザイナーの仕事と恋を描いた藤岡陽子『手のひらの音符』（2014年、新潮社）、独身のフリーターが1989年にタイムスリップして好きだったバンドの解散を阻止しようとする樋口毅宏『ドルフィン・ソングを救え！』（2015年、マガジンハウス）は、いずれも40代となったバブル世代の女性を主人公とした小説です。

マンガでは、人気作品の主人公の新人時代を描いた柳沢きみお『特命係長 只野仁 ルーキー編』（2009年～）、同じく人気作品の25年後である柴門ふみ『東京ラブストーリー After 25 years』（2016年、小学館）などがあり、いずれもバブル世代の過去と現在を描きました。

授業6 新たなる危機と現在とのつながり 2008（平成20）年〜

3 リーマンショックと「政権交代」

不良債権問題が山を越え、バブルの清算に目処がつくようになりました。けれど、めでたしめでたしではありませんでした。その後の日本経済はかつての勢いを取り戻すことなく現在に至ります。

どうしてなのかはわかりませんが、「何とでもなる」と思っていた社会は、バブル崩壊後の四半世紀の間に「何となく不安」な社会に変わっていました。ここからはそれがどのように現在につながるのかをみていきましょう。

「バブルは姿を変えてやってくる」

そう言われます。値上がりが見込めるものに資金が集まって本来の価値以上に価格を引き上げるのは、いわば資本主義の宿命とも言えるでしょう。

日本でバブルの後始末が終わった頃、世界じゅうを巻き込んだ新たなバブルがアメリカで弾けました。2008年9月15日、大手投資銀行リーマン・ブラザーズが破綻したことに始まるリーマンショックです。

これは、日本と同じく不動産の値上がりを見込んだしくみが破綻した結果でしたが、その規模が日本のバブルをはるかに超えるものだったのと、グローバル化によって世界経済がつながった状態でおこったことから「100年に1度の経済危機」と呼ばれました。

アメリカ発の新たなバブル崩壊は、またたく間に広がって各地で株価の急落をひきおこして世界金融危機に発展しました。

1万2000円ほどだった日経平均も急落し、2008年の下落率はバブル崩壊時の1990年を超えて過去最悪となりました。そして半年後の09年3月10日、バブル後最安値となる7054円98銭（終値）を記録します。動揺が世界に広がっていくなかで、いざなみ景気も終わりを告げました。日本経済は昭和末におこったバブルの処理が終わった途端、新しい世界的なバブル崩壊の波に呑みこまれたのです。

成長率は08年から2年連続のマイナスにおちいり、企業はふたたび生き残りをかけてリストラに取り組むようになりました。一時は改善していた失業率も再び5%を超え、就職難も復活します。とりわけ「景気の調整弁」として影響を受けたのが、非正規雇用の人々でした。過酷な労働環境から08年にはプロレタリア文学の『蟹工船』が80年ぶりのベストセラーになり、09年には「派遣切り」が流行語となりました。

政治も混乱していました。06年に小泉内閣が退陣したあとも自公政権のもと自民党の総理大臣がつづきましたが、07年には安倍晋三内閣（第一次）、08年には福田康夫内閣が政権運営に行きづまり、1年ほどで突然退陣を表明します。

これ引き継いだ麻生太郎内閣では、リーマンショックに対して過去最大の経済対策が組まれました。ただその一方で、いざなみ景気の頃にはおさえられていた「国の借金」も再び増え始めました。

終わったかに思われていた「失われた10年」が「失われた20年」と呼ばれるようになるのはこの頃です。たしかに不良債権処理は終わりましたが、日本社会はなぜか以前のような活力を失っていました。

「父からこんなアドバイスをもらいました。『30年でこれだけの経済の波があった。だから会社に入ってもいろいろ大変な時期があると思う。大企業に入ったから勝ちとか、上手いこと流されながら仕事をしていけばいいとかいう考えを持つ人がいるかもしれないが、そんな甘いもんじゃない。組織に入ったら、社会のために、人のために何ができるかを常に考えて行動してほしい。そしたら社会に貢献できると思う。そうでないと何も残らない』」（男子）

こうしたなか、むだな公共事業をなくそうと「コンクリートから人へ」をかかげた最大野党の民主党に期待が寄せられます。国民の間には、二代にわたって政権を投げ出した自民党よりも、民主党にやらせてみたいという雰囲気が出来上がっていました。

２００９年、麻生内閣は衆議院解散に追い込まれて総選挙がおこなわれます。これで自民党は記録的大敗を喫し、民主党代表・鳩山由紀夫を首班とする新政権が誕生しました。

リーマンショック以降、低迷していた日経平均は、細川内閣いらい16年ぶりの非自民勢力による政権奪取への期待感から１万円を回復します。年末には流行語大賞に「政権交代」が選ばれるなど、新しい日本の船出を予感させました。

4　民主党政権の混乱と東日本大震災

年が明けて２０１０年、民主党政権は急速に国民の支持を失っていきました。野党時代の主張がことごとく非現実的であったことが明らかとなっていくなかで、失望感が広がっていったのです。発足当初、70％を超えた鳩山内閣の支持率は、わずか８ヶ月でジェットコースターのように急落して20％を下回るようになります。

戦後史上、これだけ短期間に支持率が急降下した内閣はそうありません。平成の非自民政権は細川内閣をはじめとしていずれも短命政権なのですが、鳩山内閣はその細川内閣より３日長いだけの２６６日間で幕を閉じました。

表４－２　東日本大震災前～アベノミクスによる景気回復期の世相と経済動向

	新語・流行語大賞（入賞）	日経ヒット商品番付	実質経済成長率
2010（平成22）年	「無縁社会」	「スマートフォン」（横綱） 「200円台牛丼」（小結）	4.2%
2011（平成23）年	「絆」「スマホ」 「帰宅難民」「３・11」	「節電商品」（横綱） 「アンドロイド端末」（大関）	－0.1%
2012（平成24）年	「終活」	「東京スカイツリー」（横綱） 「LINE」（大関）	1.5%
2013（平成25）年	「お・も・て・な・し」（大賞） 「アベノミクス」	「東南アジア観光客」（大関） 「孫への教育資金贈与信託」（前頭）	2.0%
2014（平成26）年	（経済用語入賞なし）	「インバウンド消費」（横綱）	0.4%
2015（平成27）年	「爆買い」（大賞）	「12の神薬」（関脇）	1.4%
2016（平成28）年	「マイナス金利」	「民泊」（前頭）	1.0%
2017年（平成29）年	（経済用語入賞なし）	「株高」（前頭）	1.7%

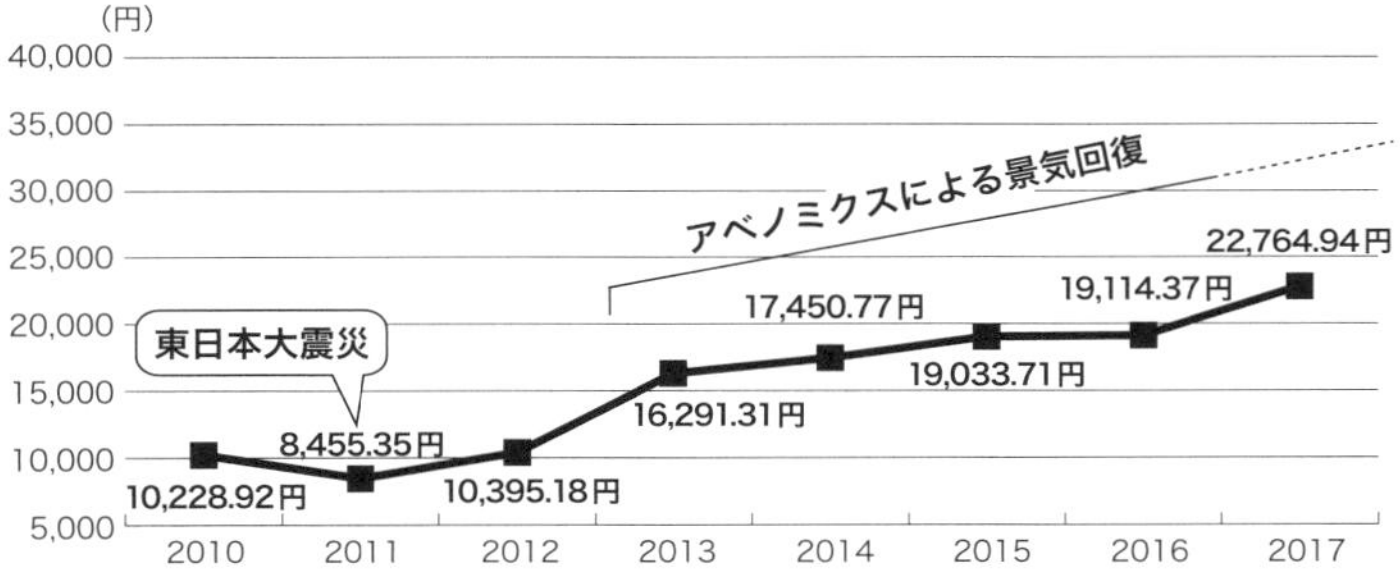

日経平均大納会終値の推移

この年爆発的に普及するのが、君たちの生活になくてはならない「スマートフォン」です。「スマホ」の呼び名が定着するとともに、販売台数は前年度比でほぼ倍増しました。90年代後半に普及した携帯電話は、ここに至ってパソコンと何ら変わらない機能をもつようになり、大人から子どもまでもが手にするようになったのです。

「両親にこの30年ほど社会の出来事を聞かせて欲しいと頼んだところ、2人揃ってバブル期の一番印象が強いと言っていました。『現在はスマートフォンやパソコンで簡単に素早く情報が得られるために今の若者は夢を見られなくなっている。当時は情報が限られていたので、今よりもっと夢を見ることができた』と言っていました」（女子）

鳩山内閣が退陣したあと、民主党代表となった菅直人が首相となりますが、追い打ちをかけるように新たな危機が日本を直撃します。

２０１１年3月11日、東日本大震災の発生とそれにともなう福島第一原子力発電所の事故がおこりました。

このような未曾有の災害の中でも、経済は冷徹に反応します。発生前まで１万円を超えていた日経平均は８０００円台へ急落しました。あわせて急速な円高がすすんで10月、１ドルは史上最高値となる75円32銭となりました。

成長率は09年いらい2年ぶりにマイナスを記録しました。高度成長以後の昭和ではオイルショックの影響を受けた1974年しかなかったマイナス成長ですが、平成では何度も陥っています。平成の日本経済は「停滞」とあらわされることがありますが、それは低成長とたびたびおこるマイナス成長によるところが大きいのです。

「絆」「帰宅難民」「3・11」「節電商品」……この年の流行語大賞とヒット商品番付は、震災関連で埋め尽くされました。

もはや国難とも言うべき状況の中、民主党では菅内閣の震災対応をめぐって党内対立がおこります。野党が提出した内閣不信任案に同調しようとする動きまでが出る有り様でした。かわって民主党代表になった野田佳彦が2011年9月に首相となりますが、1年もたたないうちに支持率が低迷していきました。2006年の小泉内閣退陣後、短命政権がつづいて総理大臣はまるで生徒会長のように1年ごとに交替しました。政権交代後もこれは変わらず、短命総理は野田首相で5人目となったのです。

2012年12月、ついに衆議院が解散され総選挙がおこなわれました。国民に愛想を尽かされた民主党は惨敗し、自公政権が復活して第二次安倍内閣が発足しました。

5　アベノミクスの始まり

政府がデフレを認めてからすでに10年以上が過ぎていました。これを脱却するために金融・財政・成長戦略を「三本の矢」とした安倍内閣の経済政策が「アベノミクス」で、２０１３年の流行語にもなりました。

なかでも目玉となったのは、政府と一体化した日本銀行でした。黒田東彦総裁はデフレ克服のため２％の物価上昇をめざし、日本銀行が大量に国債などを買い込むことで、これまで以上に世の中にお金を出回らせると宣言します。

この思い切った金融緩和はマスコミから「異次元緩和」「黒田バズーカ」と呼ばれ、これまでにないくらいお金が借りやすい状態になりました。これによって株価が急上昇し、あわせて円安も進行しました。

２０１３年の初め、１万円ほどだった日経平均は年末には1万６０００円を超え、1年間の上昇率はバブル元年の１９８６年を上回りました。

円安は、東南アジア観光客などの外国人観光客を呼び込むようになります。訪日客の増加は、彼らによる日本国内での「インバウンド消費」や「爆買い」、中国人観光客のお土産の定番「12の神薬」などの流行語やヒット商品を生みだしました。

この年、長期にわたる不況や震災と暗い話題が多かった日本経済に、久しぶりに明るい話題がもたらされます。2020年の東京オリンピック開催が決まり、日本じゅうが沸きました。招致にあたって流行語となった「お・も・て・な・し」は急増した訪日客にも向けられるようになります。

こうして日本を訪れる外国人は2013年に初めて1000万人を超え[3]、その後も増え続けて、2016年のヒット商品となった「民泊」とともに今では日常の風景となりました。

デフレ脱却と日本経済復活のため、金融緩和はさらにつづきます。

2016年、日本銀行は一般の銀行が預けている預金に史上初の「マイナス金利」をつけると発表しました。これによって金利分を負担しなければならなくなった銀行は、預けていたお金を貸し出しや投資に向けるようになります。さらに資金が借りやすい状態となるなか、株価の高騰と景気の拡大がつづきました。

2017年には銀座の地価、有効求人倍率、そして景気拡大の期間がそれぞれ「バブル超え」を果たします。あわせて10月には日経平均が16日間連続で上昇し、連騰の戦後最長記録を塗り替えて、「株高」がヒット商品に選ばれました。

さらに2018年、日経平均は一時2万4000円を上回ってバブル崩壊直後の1991年の水準を回復します。また、戦後の昭和史をなぞるかのように東京オリンピックに次いで2025年の大阪での万博開催も決定しました。こうして「いざなぎ超え」をも果たしたアベノミクスによる景気回復は、平成最後には「戦後最長となった可能性がある」とまで言われるようになったのです。[4]

ただ、その一方で成長率はバブル前にすらおよばない２％前後で、肝心のデフレはまだ解消されないままでした。

6　平成のたどり着いた先に

ここから先は、君たちも何となくおぼえているでしょう。

アベノミクスが最終的に何をもたらすのかは、現時点ではまだわかりません。ただ、バブル崩壊後からの度重なる景気対策と高齢化による社会保障費の増大の結果、財政面では平成初めに比べて「国の借金」が5倍以上に膨らみ、地方の借金もあわせると先進国中最悪のＧＤＰの約２・４倍にまで達しました。一方、金融面でも政策金利が限界まで引き下げられて、預金金利も平成初めの頃では考えられなかった水準まで下がりました。

簡単に言えば、平成の30年間で財政政策と金融政策による景気対策は、ほとんどのカードを切ったことになります。

財政については「日本の借金は外国からではなく、未来の国民も含めた日本人から借りているだけなので借り換えが可能で、その上多くの資産を保有している日本国が破綻することはない」という意見もあります。

ただ、国は破綻しなくても「借りたお金は利子をつけて返す」は普遍的な原理のはずですから、今後私たちに形を変えて負担が求められるのではないか不安になります。

新たな経済危機や大震災、政治の混乱にみまわれた２０１０年代初め、日本はいくつかの点で転換期をむかえていました。

一つは新興国の台頭です。２０１０年、中国のＧＤＰが日本を追い抜いたことが確実となりました。バブル崩壊後、停滞する日本を尻目に中国経済は成長をつづけました。日中逆転のあと両国の差は縮まることなくむしろ広がり、２０１８年では中国のＧＤＰは日本の２・６倍となっています。

もちろん、ＧＤＰの大きさだけでは国の豊かさは計れませんが、半世紀近く守ってきた「世界第２位の経済大国」の座を日本が降りたことは、時代が変わったことを感じさせました。

平成前半には世界第２位だった１人当たりのＧＤＰも、順位を下げていきました。アメリカはもちろんアジアでもシンガポールや香港に抜かれ、２０１８年では26位となっています。

１人当たりのＧＤＰは国民１人あたりの生活水準を反映します。平成の日本のサラリーマン全体の平均年収は、１９９７（平成９）年の４６７万円がピークでした。20年後の２０１７年では４３２万円、非正規雇用は１７５万円となっています。[5] 経済成長がほとんどなかったというのはこういうことです。

この間、世界は急速に一体化して人々は豊かな生活を求めて競争するようになりました。当然ですが、私たち日本人もこの国際競争から逃れることはできません。

訪日客の増加は好ましいことですが、豊かになった外国から見てデフレがつづく日本が「貧しく、お安く、お買い得になった」ことの裏返しなのです。

そして、もう一つは人口減少社会の到来です。

2011年は「人口が継続して減少する社会の始まりの年」とされます[6]。

第3次ベビーブームが幻に終わり、21世紀に入ってからの年間の出生数は110万人ほどでした。2010年代後半では100万人以下と、過去最少を更新しつづけました。

戦後のベビーブームで誕生した団塊の世代（1947〜49生まれ）の出生数が年間270万人ほど、バブル世代がおおむね180万人前後であったのと比較しても、いかに少ないかがわかるでしょう。

この一方で、2012年には自分の人生の終わりを準備する「終活」が流行語に、13年には「孫への教育資金贈与信託」がヒット商品になりました。2018年現在、65歳以上の人口は約3500万人で、総人口に占める割合は28・1％となって日本は世界一の高齢大国となっています[7]。また、オリンピックのある2020年には女性の過半数が50歳以上となり、さらなる少子化がすすむと言われています[8]。

今後、日本では世界でも前例のない速さで急速な高齢化と人口減少がすすみます。高齢化は、医療や介護などにかかる社会保障費のさらなる増大が問題となります。

人口減少は「働くことのできる人」「支えてくれる人」が減ることで深刻な人手不足と負担増に、さらに「買ってくれる人」が減ることで国内需要の減少につながって経済成長の活力を奪っていきます。つまり、今の豊かさを維持していくためには海外との競争は避けられないということです。

高齢社会に必要な社会保障費を賄うため、２０１４年には消費税が８％に引き上げられました。それでもまだ足りないため、安倍内閣では10％への引き上げを決めました。つまり、国民の負担は30年ほどの間に3倍以上になったことになります。それでもまだ増え続ける支出には追いついていないのです。

残念ながら、こうした問題を回避する根本的な手立ては打たれていません。

言い換えれば、君たちやその子どもたちに平成30年間の負債を押しつける社会が目前に迫っていることが分かってきました。

世界との競争と国内での人口減少からおこる問題は、好むと好まざるとにかかわらず、君たちがこの国に住む限り課せられていくことになります。

バブル発生から始まって、私の話は現在までやってきました。

今の社会の成り立ちを伝えてきたつもりですが、バブル崩壊後は重々しい話となりました。

これから先、日本に何が待ち受けているか私にはわかりません。ただ、どんな社会や経済情勢となっても、それに立ち向かえるように学ぶことは必要です。

皆さんは、バブル期から平成の30年間を学んで何を感じたでしょうか？

バブルの頃、お金はありましたが、日本人にはそれを有効に使う理念や知恵に欠けていたように思うのです。今は問題が山積みですが、これを教訓として一人ひとりが学ぶことで危機に立ち向かえる理念や知恵、そして勇気が見つかるのではないでしょうか。

なぜなら、あなた自身の人生とあなたの大切な人を守るため、「知ること」「学ぶこと」は大事な手段だからです。

そして、あなたにゆとりが出来たなら、その力を世の中のために使ってください。そうすれば、少しでもこの国は良い方向に向かうのではないでしょうか。

あの時代、私たち日本人は降ってわいたバブルに無邪気に踊って、その代償をかなりの時間をかけて払いました。今は悲観論が先に来ていますが、そうした時代の空気に流されるのはかつてと同じです。

みんなが社会に関心を持ってそれぞれの人生を前向きに生きれば、日本の将来は明るいはずです。

バブルに始まる現代史の授業をこれで終わります。

これから始まる令和の時代は、皆さんの世代が歴史を刻む番なのですから。

〔注〕

1　前掲東京商工リサーチ「1952～全国企業倒産状況」

2　朝日新聞2005年9月21日「バブル期『好奇心は善』だった　小説『アッコちゃんの時代』林真理子さんに聞く」

3　日本政府観光局（JNTO）発表統計

4　内閣府「月例経済報告等に関する関係閣僚会議資料」平成31年1月29日

5　国税庁「民間給与実態統計調査」

6　総務省統計局ホームページ／統計 Today №9 人口減少社会「元年」は、いつか?〈筆者追記〉

7　総務省統計局ホームページ／統計 Today №113 統計から見た我が家の高齢者―「敬老の日」にちなんで―5．国際比較で見る高齢者

8　河合雅司『未来の年表』（講談社現代新書、2017年）

●エピローグ

バブルを始まりとした日本史の授業は、これで終わりです。

この授業の目的は、バブル以降の社会の変化を「自分につながる現代史」として実感して考えさせることでした。平成時代が日本史においてどのような意味をもつのかは、後世の歴史家が考えることなのでしょうが、この30年の世の中の歩みを知ることは、生徒たちにとって自分の家族の歴史を知ることだったと思います。

授業の最後に、「平成最後」にして「令和最初の若者」となる生徒たちが何を考えたのかを紹介したいと思います。

「時代の流れは、その真っ只中にいるときは気づかないけれど今とはこんなにも違いがあってとても感動しました。『昔はとにかく派手で無駄なことが多く、今は機能的で便利なものが重視される』と父が言っていてなるほどと思いました。ただ、2人とも1回だけバブル当時に戻ってみたいと言っていたので、本当に楽しかったんだろうなと思いました」（女子）

「両親は就職前後にバブルを経験し、その後の長い不況の時代も経験している。時代の移り変わりの中で学んだことはたくさんあったことだろう。そういった話は本当に起こったことで、聞いていて面白く教科書や資料で学ぶ以上の迫力があった。

当時、世の中に流され、目先の利益を求めて投機に走った人たちは、バブル崩壊後にすべてを失い、大変な苦労をしたそうだ。私たちはバブルを知らない。しかし、それを経験した人たちの話を直接聞くことで、様々な教訓を学んでいきたいと思った」（男子）

「私はこの授業で、人は生きる時代を選べないのだということに気づいた。もし自分が今と違う時代に生きていたらどのような生き方をしただろうか。歴史を知ることは、これからの時代を生きる私たちにとって大切なことだとあらためて感じた」（女子）

「母はバブル期が始まった頃に大手銀行に就職し、弾ける前に退職した。本部で秘書のような仕事をしていたそうだ。1週間に2、3回は仕事帰りに高級なお店へ食事に連れて行ってもらっていたらしい。残業は少なく、有休も取りやすかったらしくすごくうらやましく感じた。母だけが特別だったのではなく、当時はほとんどの人がこのような感じだったそうだ。たった30年ほど前のことなのに、今とかけ離れているということがすぐにわかった。私が『うらやましいなー』と言っていると、『昔は携帯もなく不便だったからいつでもどこで連絡がとれる今の若者の方がうらやましい』と言われた。

私は母の若かった時代をうらやましく思い、母は私をうらやましく思っていた。そしていつかわたしに子どもができたら、私が生きている今の時代と未来の時代について、子どもと話がしてみたいと思った」（女子）

「今回、父や親戚の人に話を聞いたのですが、普段はおだやかで、あまり深いことを考えずに生活していると思っていた2人が、これほどまでに日本経済について考えているということが驚きでした。真剣に話をする機会ができて良かったです」（男子）

「やっぱりバブルの時代を過ごした人はずるいと思います。いつだって大人のしたことは子どもに影響するのだなと思います」（女子）

「『ものごとの価値観は不変ではない。その変化する価値観の中で、どれだけ自分の信じる道をすすめるかが重要だ』そう父は言いました。この言葉を聞いたとき、父がとても格好よく見えました」（男子）

「『経済は生き物だ』と聞いたことがある。今回の授業でそのことをひしひしと感じた。すべてはタイミングなのだということもよく分かった。私自身、将来に対する不安は大きい。就職のこと、老後のこと、考えたくないような課題を先人たちに多く残された気がして少し腹立たしくなる。他の国に住もうと思ったが、やはり日本で暮らしたい。解決するためにも逃げてはいけないと思った。向き合うために、自分の意見をきちんと持てるようになるために、今の勉強をきちんとしようと思った」（女子）

「父からすると、今の高校生がとてもうらやましいそうです。こんなに便利で価値ある情報化社会のなかで生きてゆけることに感謝すべきだそうです。『お父さんが今の時代の高校生だったら、もっともっとしたかったことが見つかったはずだ』と言いました。『失われた20年』といっても生活水準が決定的に落ちたわけではなく、むしろ向上したかもしれないと父は考えているようです。最後に父は私にこう言いました。『自分が生きる時代を良い時代だと思うこと、そのなかで一生懸命悔いのないように生きてほしい』」（女子）

あとがき

白状しますが、私はもともと歴史の教師であり、経済の専門家ではありません。私がバブルについての授業をしようと思ったのは、２００1年頃のことでした。不況の真っ只中あった当時、日本に景気がよかった時代があったことを教えてみようと単純に考えたのがそもそもの始まりでした。思いつきで始めたこの授業ですが、時代の進行とともに「昭和末・平成史」を語るものへとしだいに姿を変えていきました。

まだまだこの時代は歴史として語るには新しすぎるのですが、今の社会の成り立ちを教える上では一つの手段だと思っています。最初の授業から20年近くがたち、令和最初の年にこうした形でまとめられたことを嬉しく思います。

執筆中、私はこれまでの自分の人生を重ねながら時間旅行をさせていただきました。「昔はよかった」などと言うつもりはありませんが、やはり平成の30年で日本は大きく変わったのだとあらためて実感させられました。

平成は戦争があった昭和ほど激動の時代ではありませんでしたが、静かに、そして大きく私たちの生活や考え方を変えていきました。この変化を私たちはどう受けとめるべきなのでしょうか。

この答えの一つとして、本文中でも紹介させていただいた山一證券の元社員で、今なお証券業界に身をおく平井庸子さんの一文を紹介したいと思います。
「あなたにとって『失われた20年』とは何だったのですか?」
失礼な私の質問に、次のように答えてくださいました。

今の会社に入って、今年が十年目です。いつの間にか山一でのキャリアを上回ってしまいましたが、今の自分を作ったのは山一であり、自分の会社だと思えるのは山一だけですね。山一が破綻していなければ、私は次の年に東京勤務になる予定だったので、今頃はそれなりの役職についていたはずでした。そう考えると損したなあと思うことはありますが、あっという間の20年でした。ただただ株が好きで、勤める機会を得た会社で働いているうちにここまで来たという感じですね。

ご質問をいただき、いろいろと考えて文章を打ち込みながら、おそらく同じ業界にいる者は「失われた20年」などと考えたことはないだろうという結論に至りました。この間、誰もがそれなりに頑張ってきた中で何かを失うことはあったにせよ、それはどの業界にいても同じです。この業界にいること自体、安定とは程遠いのですが、選択肢は常に自分の中にありながらここを選んだのですから。この20年を失ったと考えるのは、「無関係な第三者」だけなのではないでしょうか。

かつて若かった私たちの世代はバブルの頃、高揚感を肌で感じ、社会の激変の中で年齢を重ねてきました。ただ、バブルは決して全員が浮かれていた訳ではないし、崩壊後もすべてが失われた訳ではありません。

それぞれが、それぞれの立場で人生を重ねてきました。

そろそろ私たちも自分たちが辿ってきた道を振り返り、次の世代に語り始めてもいいのではないでしょうか。本書がその一助となれれば、幸いです。

平井さんをはじめとして、本書は多くの方々のご協力のもと完成しました。

初期の段階から拙稿に様々なアドバイスをいただいた中山寒稀《ふゆき》さん、本書を世に出すきっかけを与えてくださった花伝社の佐藤恭介さん。

そして、「平成最後の若者」であり「令和最初の社会人」になろうとしている同志社香里高等学校2016年卒業生の皆さん。

本書を結ぶにあたり、この場を借りてお礼を申し上げます。

新しい時代が、多くの方々にとって素晴らしいものとなりますように。

平成初めの日々を過ごした母校・関西大学の総合図書館にて

令和元年6月　西村克仁

西村克仁（にしむら・かつひと）
1969年兵庫県生まれ。関西大学大学院博士課程前期課程修了。
大阪の同志社香里中学・高等学校の社会科教諭。中学社会科および高校地歴公民科の担当として25年にわたり教鞭をとる。著書に『日本は中国でどう教えられているのか』（平凡社新書、2007年）。

バブル世代教師が語る平成経済30年史

2019年7月20日　初版第1刷発行

著者 ――― 西村克仁
発行者 ―― 平田　勝
発行 ――― 花伝社
発売 ――― 共栄書房
〒101-0065　東京都千代田区西神田2-5-11出版輸送ビル2F
電話　03-3263-3813
FAX　03-3239-8272
E-mail　info@kadensha.net
URL　http://www.kadensha.net
振替 ―――00140-6-59661
装幀 ――― 黒瀬章夫（ナカグログラフ）
印刷・製本 ― 中央精版印刷株式会社

ISBN978-4-7634-0892-1 C0036